JN299378

実践ロールシャッハ法

思考・言語カテゴリーの臨床的適用

森田美弥子・髙橋靖恵・髙橋 昇
杉村和美・中原睦美 著

Practice of
the Rorschach
technique

ナカニシヤ出版

目　次

序　章 ・・・・・・・・・・・・・・・・・・・・・・・1

理 論 編

第1章　思考・言語カテゴリーとは・・・・・・・・・・・・9
第2章　思考・言語カテゴリーの青年期健常群におけるあらわれ
　　　　―ロールシャッハ反応の豊かな世界―・・・・・・・29

実 践 編

第3章　統合失調症にあらわれる特徴・・・・・・・・・・・43
　　第1節　慢性統合失調症事例　　43
　　第2節　外来治療水準の統合失調症事例　　54
　　第3節　まとめ　　65
第4章　パーソナリティ障害にあらわれる特徴・・・・・・・67
　　第1節　境界性パーソナリティ障害事例　　67
　　第2節　臨床的適用の実践例　　81
　　第3節　自己愛性パーソナリティ障害事例　　93
　　第4節　2種のパーソナリティ障害から　　104
第5章　青年期アスペルガー症候群にあらわれる特徴・・・・107
　　第1節　アスペルガー症候群について　　107
　　第2節　AS事例とHFA事例との比較検討　　111
　　第3節　AS事例における男女差　　122

第 4 節　ま と め　　127

展 開 編

第 6 章　カテゴリーの検討―Fabulization 関連スコアをめぐって―
　　　　　　　　　　　　　　　　　　　　　　　・・・・・**131**
第 7 章　今後の展開に向けて―Andronikof 先生との対話―・・・・**143**

終　章・・・・・・・・・・・・・・・・・・・・・・・・・・**155**

［参考］名大式ロールシャッハ法　感情カテゴリー　　159
文　　献　　161
索　　引　　169

序　章

ロールシャッハ法の魅力

　私たちはロールシャッハ法が大好きである。心理臨床実践におけるアセスメント・ツールとしても，心理学研究での測定ツールとしても，ロールシャッハ法はかなり有用だと私たちは考えている。量的分析，質的分析それぞれに必要とされる多様な指標や視点をもっていることは大きな利点であろう。ところが初心の段階では，無数とも感じられる指標をどう組み合わせ統合してパーソナリティ像としてまとめあげるか，苦心惨憺のあげくに嫌気がさしてしまう人もいるようだ。そこを通り過ぎると，「人と出会う」ということ，「人を理解する」ということは，そういうことなんだと思えてくる。一面的でわかりやすい人物などこの世には存在しないのだから。

　汲めども尽きぬ泉のように「その人」について多くのことをロールシャッハは教えてくれる。しかも，一度にすべてを，ではなく，記録を見返すたびに新たな発見がある。相手の変化，受けとめるこちらの力量の変化，さらに，両者の関係の変化にも影響されて，見えてくるものが微妙に異なってくる。その時々の真実を反映しているのがロールシャッハの誠実さだといえる。

　私たち研究グループのメンバーは全員，名古屋大学で名大式ロールシャッハ技法（以下，名大法）を学んだ。恩師である，故・村上英治先生は「私たちの目の前にいるのは『病気』ではなく，『病める人』なのである」と，よくおっしゃっていた。あくまでも「生身のその人」に接近しようとの姿勢に立って，村松・村上（1958）は名大法の基本的立場を次のように述べている。「われわれがロールシャッハ法を用いて行う診断は，決して類型学的診断をめざすものではなく，個々の人間の全体にせまろうとする心理力動的診断の立場によるものであらねばならない。その意味で，一般的に検査の場の問題をよりいっそう検討し，さらにその検査の場において，被診断者の示す言語表現，行動態度のはし

ばしに至るまで，できうるかぎり，客観的に克明な記録を行うとともに，それらの記録の質的分析をあわせて，ロールシャッハ・テストによって得られた人格像の彫りを深めることに努力する」。

この基本姿勢を具現化したものが，名大法独自の分析カテゴリーである「感情カテゴリー」や，本書で紹介する「思考・言語カテゴリー」だといえる。

ロールシャッハ法で何が体験されるのか？

ロールシャッハ図版を手渡され，「これは何に見えますか？」と問われた時に，被検者のなかで何が起きているだろうか？　まずは図版に目をやり（知覚），あれこれ似たものを探し（連想），思いついたものを意識化し，照合をして（概念形成），答える（言語化），その後，質疑（Inquiry）の段階で，なぜそう見えたかを考え，説明する（合理化），といった反応産出の流れは，一瞬で済んでしまう場合もあるが，ある程度時間がかかるときもある。そこには，課題や検査者に対する被検者の認識，態度，感情，思考などが影響している。反応およびそれ以外の言動から，こうした内面の動きを推し量ることが可能である。

思考・言語カテゴリーは，検査場面の言語表現や行動をスコア化することによって，被検者のなかで生じている心の動きをとらえようとするものである。たとえば同じ「コウモリ」という反応でも，「よくわからないけど，たぶん…」と自信なげに出してくる人と「絶対そうです，そっくりです」と断定的に言う人，「大きくて立派な王様のコウモリ」「羽がボロボロで淋しげなコウモリ」などと形容する人，事細かに説明する人もあれば「なんとなくそう見えた」としか言えない人もいるなど，さまざまな反応の仕方がある。図0-1に，そういった反応のバリエーションを例示した。それぞれの発言に対応した思考・言語カテゴリーのスコアも示しておいたが，これらは本カテゴリーのごく一部である。

反応そのものだけでなく，反応の出し方（思考様式や言語表現）に着目することによって，被検者が何をどんなふうに体験しているかをとらえることができる。Hermann Rorschachは，「ほとんどすべての被検者は本実験を空想力の検査とみなす。…（中略）…しかし……無作為的絵柄の解釈はむしろ知覚と統覚の概念に属する」と述べている（鈴木訳，1998）。空想力や想像力（何を見た

たとえば…

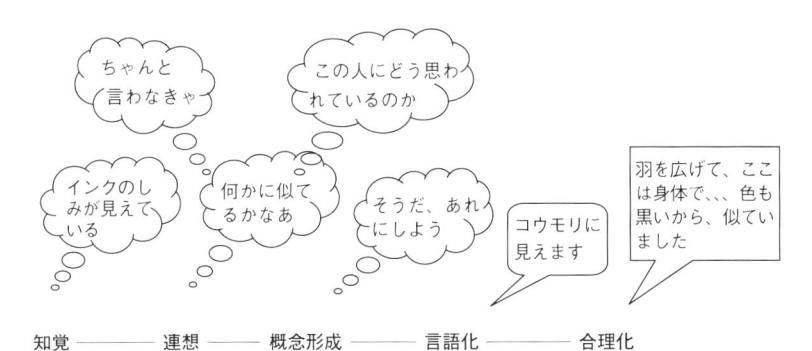

「ちゃんと言わなきゃ」
「この人にどう思われているのか」
「インクのしみが見えている」
「何かに似てるかなあ」
「そうだ、あれにしよう」
「コウモリに見えます」
「羽を広げて、ここは身体で、、、色も黒いから、似ていました」

知覚 ──── 連想 ──── 概念形成 ──── 言語化 ──── 合理化

何これ!?　　　どう見てもいいの？　　　「私にはよくわからないけど、まあコウモリかなあ」(self-critic)
何も見えない！　(question for instruction)　「羽がボロボロのコウモリです」(definiteness)
 (rejection)　　　　　　　　　　　　　　　「ケモノとトリから逃げる途中で苦悩している」(overelaboration)
うあー気持ち悪い！　　　　　　　　　　　「人間の身体にコウモリの羽が生えている」(fabulized combination)
(direct affective response)　　　　　　　　「白い隙間を埋めれば、コウモリ」(arbitrary response)
　　　　　　　　　　　　　　　　　　　　「コウモリの顔」(contamination の可能性あり)
　　　　　　　　　　　　　　　　　　　　「私に向かってくる！こわい！」(delusional belief)
　　　　　　　　　　　　　　　　　　　　「コウモリか蝶かどちらかな」(hesitation in decision)
　　　　　　　　　　　　　　　　　　　　「羽で胴体で、手、目、口、耳、、」(detail description)
　　　　　　　　　　　　　　　　　　　　「＊＊コウモリという珍種」(overspecification)
　　　　　　　　　　　　　　　　　　　　「子どもの頃よく見ました」(personal experience)
　　　　　　　　　　　　　　　　　　　　「何となく直感でそう思っただけ」(incapacity of explanation)
　　　　　　　　　　　　　　　　　　　　「コウモリは暗闇にいるから」(autistic logic)

図 0-1　ロールシャッハ状況における反応産出過程と「思考・言語カテゴリー」の例

か）でなく，知覚や統覚（いかに見たか）の機能の側面を丁寧に見ていくことで，被検者のパーソナリティなり病理なりを，より明らかにすることができるだろう。思考・言語カテゴリーは，人格水準の見立てに有効であり，治療関係の予測に役立つ。そのように感じて，私たちが思考・言語カテゴリーの魅力にとりつかれ，共同研究を始めたのは，今から約20年近く前のことである。

共同研究の経緯

　ロールシャッハ事例検討会を立ち上げ，そこで「せっかく名大法独自のカテゴリーが存在しているのだから活用しない手はない。試しにスコアしてみよ

う」，そして「これはなかなか使えそうだ！」といった感じで，まずは自分たちで勉強することから始まった．その背景にはいくつかの伏線的な出来事があった．私たち研究グループの始動からさらに10年ほど遡った1980年頃に，村上英治先生，土川隆史先生（現・金城学院大学），池田豊應先生（現・愛知学院大学）を中心に，思考・言語カテゴリーの再構成をめざした共同研究が試みられており，本グループのメンバーである森田美弥子と髙橋昇もそこに加わっていた．「あの続きをやりたい！」という思いがあった．

　実は大学や大学院の授業において，思考・言語カテゴリーは詳しく扱われていたわけではない．それは，本カテゴリーを考案した植元行男先生自身が「今後も研究を続け改変を加える意図をもっているが，一応諸家のご批判を受けるために本論文を作成した」（植元，1974）との展望をもちながらも，五十代の若さで亡くなられてしまったことも影響しているかもしれない．思考・言語カテゴリーは非常に有意義なものである反面，13カテゴリー86スコアという多くのスコアを有し，スコア間の関係が複雑でわかりにくいという問題も抱えているため，実用化という点では，さらに精査・充実すべきところがないとはいえない．

　そこで，本研究グループは，思考・言語カテゴリーが今以上に活用されることを期待して，スコア間の関係を明らかにし，カテゴリー・システムの整理を私たちなりに試みたいという問題意識のもと共同研究を開始した．研究の進め方として，さまざまな臨床群ごとに特徴的なカテゴリーやスコアをまとめ，それを比較検討することによりカテゴリーおよびスコアの意味を明確にしていく方法とした．当初は少数事例を用いて，どういった群にはどのカテゴリー，スコアが出やすいのかといった仮説を提起するような研究から始めた．事例数を増やしながら仮説の微調整を行い，併行して検証のための事例研究も行う計画とした．大きな目標としては「思考・言語カテゴリー全体の地図を描きたい」ということがあり，そのための具体的方略として，その都度ある特定の群に焦点を当て，そこで出てきたカテゴリーやスコアを検討する研究を積み重ねていくというスタイルである．現在まだ全部のカテゴリーを検討するには至っていないが，これまでの研究から見えてきたことを形にできる段階となったことから，本書を企画した．他の研究者とくに若い臨床家に実践の一助としていただ

けるのではないか，と同時に，多くの方々にご意見ご批判を仰ぎ，思考・言語カテゴリー研究のさらなる展開への糧としたいと考えた次第である．

本書の構成

「理論編」では，まず「第1章 思考・言語カテゴリーとは」として，植元（1974）にもとづき，各スコアやカテゴリーの紹介と説明を行い，続く「第2章 思考・言語カテゴリーの青年期健常群におけるあらわれ」では，思考・言語カテゴリーを用いることで，病理や逸脱の視点だけでなく，パーソナリティの健康な部分にも光を当て得ることを示した．コミュニケーションや認知，感情の機能を視野に入れた立体的なパーソナリティを描けることが，本カテゴリーの魅力である．

「実践編」では，臨床群における特徴的なカテゴリーやスコアを抽出し，その意味について検討した結果を，「第3章 統合失調症にあらわれる特徴」，「第4章 パーソナリティ障害にあらわれる特徴」，「第5章 青年期アスペルガー症候群にあらわれる特徴」として報告した．これらの研究から，特定の臨床群は，単一のカテゴリーやスコアに対応しているのではなく，いくつかのカテゴリーの組み合わせで特徴が示されることがわかってきた．

「展開編」は，再びカテゴリーそのものについての論考である．「第6章 カテゴリーの検討」では，とくにFabulization（作話）に関するスコアに着目し，その系列化を試みた．当初私たちが関心を向けていた対象は主として青年期の臨床群であったが，そこで得られた結果を一般青年群と比較対照したところ，Fabulizationカテゴリーが1つの軸となることが明らかとなったためである．さらに，「第7章 今後の展開に向けて」では，髙橋昇・髙橋靖恵が国際ロールシャッハ学会の元・会長であるAnne Andronikof先生を訪問するという機会を得られたので，貴重なインタビュー内容を掲載させていただいた．

なお，第2章から第6章までは，これまで共同研究の成果を学会発表あるいは論文掲載された内容に加筆修正したものである．元となる学会抄録，論文は，その他の研究成果とともに本書末尾に記載した．

理論編

第1章　思考・言語カテゴリーとは

　思考・言語カテゴリーは，ロールシャッハ法のプロトコルのなかに広く分散してあらわれてくる思考-言語過程の様相を，すなわち，質疑段階も含めて被検者の自発的発言によって示される言語表現のすべてを分析の対象とするものである。

　ロールシャッハ法における思考過程の研究は，Rapaport (1945) の deviant verbalization（逸脱言語表現）の研究に端を発するものであり，旧名大版の"Thinking Disturbance"（村松・村上，1958）では，そこから多くのものを受け継いでいた。現在使用されている本カテゴリーは，この旧名大版を中心にカテゴリーを再整理・追加し，コミュニケーション様式や反応態度等の観点を導入し，さらに体系を拡大するなど実用化が進められてきたものである。統合失調症などの重い病理性を有する場合だけでなく，さまざまな水準の対象について精神病理学的検討を可能とするような新しい枠組みとして考案されたものだといえる。本カテゴリーの成り立ちやその背景の詳細については，植元 (1974)「ロールシャッハ・テストを媒介として，思考，言語表現，反応態度を捉える分析枠の考案とその精神病理研究上の意義」を参照されたい。

　その後，本カテゴリーは村上・土川ら (1980)，村上 (1980) による再構成の研究が試みられ，さらに私たちも臨床的有用性やカテゴリー・システムの明確化の視点から研究を続けてきている。このなかで，本カテゴリーは精神病理学的検討のみならず，検査状況での被検者-検査者関係をとらえるうえでも有用であることが明らかにされてきている。

　本章では，植元 (1974) および『ロールシャッハ法解説―名古屋大学式技法―』（名古屋ロールシャッハ研究会，1999）を元に，本カテゴリーの概要を紹介する。

カテゴリーの概要およびスコアリングの手順

　思考・言語カテゴリー（13 カテゴリー 86 スコア）を一覧にしたものを表 1-1 に挙げる。カテゴリーおよびスコアの並びは，必ずしも病理の重さと一致しているわけではないが，5 番目の Fabulization を境に，それ以降のカテゴリーには従来，逸脱言語表現とされてきたスコアが多く含まれている。

　スコアリングの仕方としては，反応内容や領域，決定因のように個々の反応に対応させてスコアするのではなく，反応以外も含めたすべての言動を対象として，該当箇所にスコアしていく。1 つの発言に複数の思考・言語スコアがブレンドされることもあり得る。植元（1974）では，「量化，簡便化を犠牲にし，反面スコア化するように試みることによって名人芸的な解釈の主観性を離れようとした」と述べられており，得点化や基準値の設定などの数量指標化はされていない。

　以下に，各カテゴリーおよびスコアの紹介と説明を述べる。植元（1974）による定義および心理学的意味づけを，原文を尊重しながら，適宜要約または平易な記述への修正を行った。反応例は，Rapaport その他の研究者が例示しているものを参考にした植元からの引用に，著者らの例を加えた。

　なお，カテゴリーおよびスコア名称はすべて英語（一部ドイツ語）表記となっている。スコアのうち多くは逸脱言語表現として既知のものであるため，植元（1974）により新たに加えたものも英語で作成されたという経緯がある。そのため，英単語としては一般的とはいえない表現も含まれていることをお断りしておきたい。

(1) Constrictive Attitude：反応産出に伴う困難・萎縮的態度

　反応産出における困難さを総括したものであり，反応拒否的態度やそれに類する言動などがスコアされる。心理学的意味は，貧困な想像力と貧弱な生産能力を中心とするものである。感情的レベルではショックであり，知的レベルでは創造力の貧困であり，行動的レベルでは過度の防衛ないしは拒否的態度が挙げられる。これが精神病圏では，思考や意志の障害，承認欲求やそれにもとづくコミュニケーションへの欲求（need for communication），反応しようとする欲求（need for responding）の衰弱，また，器質性脳疾患などにおける知的

表1-1　思考・言語カテゴリー（Thinking Process & Communication Style）スコア一覧

カテゴリー／スコア
① Constrictive Attitude　反応産出に伴う困難・萎縮的態度
rejection, card description, color description, symmetry remark, contrast remark, color naming, encouraged response, oligophrenic detail response
② Abstraction and Card Impression　抽象的表現・カードの印象
direct affective response, impressionistic response, symbolic response, kinetische Deskription, Synästhesie
③ Defensive Attitude　防衛的な態度
question sentence, negative sentence, apology（self-critic, object-critic）, question for instruction, additional response, provoked response, modified response, changed response, demur, denial, secondary addition
④ Obsessive and Circumstantial Response　強迫・些事拘泥の反応
exactness limitation, completeness compulsion, hesitation in decision, detail description, obsessive discrimination
⑤ Fabulization Response　作話的反応
affective elaboration, definiteness, affect ambivalency, content-symbol combination, overdefiniteness, overelaboration, overspecification tendency
⑥ Associative Debilitation and "Labile Bewußtseinslage"　連想の衰弱・不安定な意識状態
incapacity of explanation, apathy in decision, perplexity, impotence, vagueness, fluid, forgotten, indifferentiation of percepts, loose combination
⑦ Repetition　反応の反復
repetition tendency, preoccupation, perseveration, automatic phrase
⑧ Arbitrary Thinking　恣意的思考
preoccupied response attitude, arbitrary combination, rationalization, overspecification, arbitrary discrimination, overdue relationship verbalization, figure-background fusion, arbitrary response, arbitrary linkage, arbitrary belief, projection of color
⑨ Autistic Thinking　自閉的思考
viewpoint fusion, content-symbol fusion, fabulized combination, confabulation, contamination, contradiction, deterioration color, autistic logic, transformation, blot relation
⑩ Personal Response and Ego-boundary Disturbance　個人的体験の引用と自我境界の障害
personal experience, utilization for illustration, personal belief, delusional belief
⑪ Verbal Strangeness　言語表現の特異性
verbal slip, amnestic word finding, indifference for verbalization, neologism, peculiar verbalization
⑫ Association-Looseness　連想弛緩
irrelevant association, loose association, flight of idea, incoherence
⑬ Inappropriate Behavior　不適切な言動
edging その他特徴的なカードの扱い方、ジェスチャー表現、検査に対する反抗的言動など

能力の減退が想定される。なかには，完全主義的構えからくる萎縮や恣意的な教示の取り違えなどのあらわれの場合もあり留意が必要である。本カテゴリーは，スコアの種類に応じて，次の（A）（B）2つに分類される。

（A）rejection and response-substitute：反応拒否や反応の代理となる言語表現。ただし，後に反応が産出される場合は（ ）をつけて残す。

rejection, card description, color description, symmetry remark, contrast remark, color naming

（B）encouraged and fragmented response：基本的には拒否の表現と解され，本カテゴリーの亜型といえる。

encouraged response, oligophrenic detail response

rejection：一般的にいう反応拒否である。「わかりません」「見えません」など。

card description：カードの一部分の性質の描写に留まる発言。
(a) 単なるカード描写（simple type）：「インクのしみです」「断片的で…真ん中が空いているような」など。
(b) 審美的あるいは道徳的な価値評価：「アンバランスな気がする」「よい絵だ」など。
(c) その他の発言：「これはナンセンスですね」「子どもが描いた絵みたい」など，(a)(b)に含まれないカードへの言及。

color description：先の card description の一種で，色彩を中心に描写するもの。「これは，多くの色が混じっています」など。

symmetry remark：左右対称性を指摘している発言。ただし，「犬が二匹いる」などの反応を伴う場合は，概念形成作用が強まっており，constrictive な意味合いは弱まると理解されるため，（ ）をつけておく。さらに，運動反応を伴う場合は，より高度な概念形成作用が働いていると考えられるため，本スコアはチェックしない。

contrast remark：描写の際にブロット内のある部分の対照（形態，濃淡，色彩など）に力点がおかれている場合。「暗闇の中のランプ」（カードⅢ），「赤と黒の対照が嫌」（カードⅡ），「上が小さくて下が大きいのが気になる」（カードⅥ）など。

color naming：色彩の名称を列挙するもの。「これは赤，これは黄…」など。

encouraged response：テスターの激励と刺戟によってようやく反応が産出されるもの。防衛的あるいは逃避的というよりも，想像力，創造性の貧困さのあらわれとされる。

oligophrenic detail response：カードⅢのD5部分に「人間の脚」のみを産出するように，本来P反応として全身像が反応産出されるべきものが，その一部分の指摘に留まる場合。

(2) Abstraction and Card Impression：抽象的表現・カードの印象

　カード全体に対する表面的な反応の仕方であり，カードの全部または一部の特徴を基にして，直接的に感情を表出するもの，直感的に印象を述べるもの，象徴的な反応を産出するものである。心理学的意味は，芸術的なセンスや過敏性のあらわれと考えられる。

　　direct affective response, impressionistic response, symbolic response, kinetische Deskription, Synästhesie

direct affective response：カード全体または部分に対して個人的情緒を直接的に表出するもの。「きれい」，「色の混じったのが気持ち悪い」，「統一されたのはいい感じ」など。

impressionistic response：カード全体または部分に対する印象的，直観的な言語表現。「鋭い感じ」，「弱々しい感じ」など，descriptionとsymbolic responseの中間的なスコアといえる。

symbolic response：カードの一部分の特徴に基づいて，象徴化反応を出すもの。

　「口がとげとげしているから闘争のシンボル」(symbolic form)

　「楽園。鳥うたい，花が咲いている」(symbolic content)

　「この色の混じりは天国」(symbolic color)

　「この色は陰鬱さだ」(symbolic shading)

　「分離，バラバラだから」(symbolic spatial relation color)

　「この黒と真ん中の白の対照は人間の心，善悪を思わせる」(symbolic contrast) など。

kinetische Deskription：具体的反応を伴わない運動知覚。「中央は回転している」「何かぶら下がっている」など。

Synästhesie：反応形成に際して視知覚のみでなく他の知覚領域の感覚（音，匂いなど）が共感覚として生じてくるもの。

(3) Defensive Attitude：防衛的な態度

　対人的緊張とそれに基づく防衛的態度を示すものであり，自己不全感の意識の表現である。反応しようとする欲求（need for responding）はあるが，共存する高い野心的欲求（need for high aspiration-level）によって圧迫されてしまい，防衛的な反応をおこすものである。満足感への欲求を充たすことの不成功といえる。スコアの種類により（A）（B）2つの型に分けられる。

(A) responding attitude：反応の出し始めに躊躇がある場合。上述の機制が直接表現された場合。何らかの激励や刺激により，反応がより自由に表出される能力をもっている。

　question sentence, negative sentence, apology（self-critic, object-critic），question for instruction, additional response, provoked response

(B) sequential change：より好ましいものを産出しようとする要求や反応しようとする欲求（need for responding）に伴う満足感への要求が反応産出後に強く働き，反応内容を修正したり，時に撤回してしまう場合。

　modified response, changed response, demur, denial, secondary addition

question sentence：「〜ですか？」という語尾をもつ反応の出し方であり，不全不安のあらわれである。慣例的謙虚さに過ぎないものもあり，perplexity（19頁参照）の弱いものといえる。

negative sentence：「〜ではないです」など否定形で終わる反応の出し方。question sentence よりもさらに自信のない態度を示し，impotence（19頁）に近い。同時に両価性（ambivalency）の反映でもある。

apology：弁明的言辞を伴って反応が産出される場合であり，自己不全不安の反映である。その不安を自己の能力の乏しさに帰するか，対象（ブロット）の形や色などの不適当さに帰因させるかによって，self-critic と object-critic に分けられる。そのいずれにも分類できないものは，単に apology とのみ記しておく。

「私には考える力がないから」(self-critic)

「蝶にしてはこの絵は羽が足りないから変だ」(object-critic)

question for instruction：「見えたものを言うのですよね？」「いくつでもいいのですか？」など，教示に関して質問をするもの。

additional response：質疑段階において産出された反応（付加反応）。萎縮的防衛的態度が，質疑段階になって想像性・創造性の自由さを取り戻したといえるが，多くの反応を出した上で additional response が出てくる場合は，量的野心の反映とも考えられる。

provoked response：encouraged response（13頁参照）の産出の過程と同一であるが，元来は防衛的で言語表現しえないものであり，テスターの激励，刺激は単なる誘発（provoke）にすぎない。反応の質は良く，P 反応やそれに近い反応となる。

modified response：自由反応段階あるいは質疑段階において，基本的知覚や概念は同一だが，反応の修飾または限定づけの仕方を変えるもの。「犬，赤は怒りを感じさせる，いや，彼らは遊んでいる」「人に見える…＜質疑＞いや，カッパだ」などがある。防衛的ではあっても，それ以上の強い，完全性への達成欲求（achievement need）をもっているといえよう。

changed response：modified response と異なり，基本的知覚や概念が変わるもの。「コウモリに見えます…いや，濃淡があるので X 線の陰影に見える。…この形はコウモリにはしにくい」など。

demur：自由反応段階で出された反応が，直ちに撤回されるもの。「これ…カエルでもいい，カエルじゃない…カエルは違います」など。

denial：自由反応段階での反応が質疑段階で撤回されるもの。

secondary addition：自由反応段階では一部のブロットについて反応されたものが，質疑段階で近接の領域を包摂し，新しい概念形成や概念の拡大がなされるもの。「人間でしょう…＜質疑＞横のはマントだ。人間がマントを着て手を拡げている」のように，W 反応になっていく。

(4) Obsessive and Circumstantial Response：強迫・細事拘泥の反応

「正確性，完全性，決定性，細事拘泥」という形であらわれる完全主義傾向に反映される不全不安である。中心的機制は強迫完全主義機制（obsessive compulsive mechanism）であり，反応への要求（need for responding）や正確さと完全性への強い欲求である。さらに，詳細で冗長な言語表現の場合も類似の現象が生じる可能性があるため，circumstantial という言葉が入れられている。

防衛的態度という点で前項の Defensive Attitude カテゴリーと共通しているが，Defensive Attitude が対人的緊張，問題解決の態度としての防衛的態度を中心としていたのに対し，本カテゴリーでは刺激ブロットと反応に対する関心と忠実さの方が強いとされる。

exactness limitation, completeness compulsion, hesitation in decision, detail description, obsessive discrimination

exactness limitation：自己のイメージや現実の像と合わせるためにブロットの一部を除外や付加するもの（W や D の cut-off）。W 反応への欲求（drive）と正確性への欲求（drive）が影響している。

completeness compulsion：「W → D → d といった規則正しい順序で反応する」「規則正しく回転し反応しようとする」「全カードにおいて全領域を使用しようとする」など，カードのあらゆる可能性やあらゆる面を組織的に用いようとするもの。柔軟性の乏しい態度が中心だが，「このように見るべき」と自己規定された恣意的思考の混在が想定される。

hesitation in decision：2 つの反応間の決定に迷うもの，さらに 1 つの反応を出すに際してもその決定に躊躇を感じているもの。「ニワトリのようです…ニワトリではないだろうけど，見方によっては何でも見える」など。不安定不安や不全不安のあらわれであるが，過度の躊躇は両向型傾向（ambitendency）のあらわれとされる。

detail description：出された反応について，細部までその部分を指摘，説明しようとするもの。「コウモリで，羽で，頭が横向きで，鼻で，角で，脚は 2 本で」など。強迫的機制にもとづく正確性，完全性への要求が細部拘泥の形で

あらわれたものと理解される。また、「…ここはどう言えば」など、小部分領域にこだわり続けている場合はスコアに（　）を付けて示す。
obsessive discrimination：対称的な2つのブロットに対して、両者の違いや微細な差を指摘するなどの過度の厳密さのみられるもの。「両方が羽で、右側が濃いですね」など。正確性、完全性に加え、秩序への拘泥がある。

(5) Fabulization Response：作話的反応

具体的反応がなされた際、ブロットの性質を基にしてさらにその反応内容の種類、性質、それに附属する感情的調子等を指摘し、限定づけしようとするものである。想像力、作話的機能の豊かさの反映でもあるが、過度の場合は、ブロットを離れて作話的に反応を飾ろうとしたり、その反応の背景まで述べようとしたりすることになる。

ここでの「作話」という訳は、精神医学用語としてのConfabulationの邦訳である「作話症」と同一ではない。文字通りの「話作り」の機能（fabulizing）を意味している。

affective elaboration, definiteness, affect ambivalency,
content-symbol combination, overdefiniteness, overelaboration,
overspecification tendency

affective elaboration：「おそろしいトラ」、「きれいなネコ」、「いやな感じの動物」など修飾対象が明確であり、情緒的な調子が反応内容の修飾の中心になっているもの。個人的感情が容易に表出されやすい人格の反映とみられる。
definiteness：「人間」、「動物」のような一般的表現でなく、ある特殊な限定づけをもったものに向けられて出された反応。多くは知性化の反映であり、作話的能力や合理化能力が推察される。
「女の人が二人」(sex),「子ども」(age),「ロシアのクマ」(geometry),「中世の壺」(era),「かちかち山のタヌキ」(reality),「大きい怪獣」(size),「上から見た」(position),「のけぞる」「腹筋運動」(activity),「骸骨」「剥製」(inanimation),「首のない人間（distorted)」,「菌に喰われた肺（disease)」など、さまざまな種類の限定づけが想定される。

affect ambivalency：反応に伴う感情的色合において，質疑段階での理由づけにおいて，感情面の両価性（ambivalency）が認められるもの。しかしそこには，了解可能性と共感の余地が必要である。「美しい鳥。だけど心は汚い」など。

content-symbol combination：ブロットの諸特徴から出された具体的反応と，象徴的に出された意味とが，意識されたうえで1つの概念として統合されるもの。「2人の人が愛し合っている。ここ（D1）が人でこれ（D4）は愛情をあらわす」（カードⅢ）など。

overdefiniteness：単なる definiteness 以上に反応内容の性質や状況を限定づけようとするもの。強い作話の機能を示しているが，ブロットの特徴をあまり離れず，それを根拠として作話がなされている。「交通事故で怪我をしている」（カードⅡ）など。

overelaboration：ブロットに基づく具体的反応から発想するが，ブロットにないものまで取り入れて1つの概念を作ったり，背景や状況描写等がブロットの特徴から飛躍してなされたり，過去，未来のような説明づけがなされるもの。いわば TAT 式な反応であるといえる。「王様で…失敗をしでかした家来を叱りつけている所…（家来は）見えませんが，王様の顔が怒っているように見えるからです」（カードⅩ）など。

overspecification tendency：overspecification（23頁参照）とまではいえないが，その傾向が明らかに推測されるもの。

(6) Associative Debilitation and "Labile Bewußtseinslage"：連想の衰弱および不安定な意識状態

　病的サインであり，反応の産出・決定をめぐる精神的エネルギーの持続が困難なものである。次の3つの場合が想定される。1つめは，反応の形態や領域を確定したり修正したりすることの無能力。それを意識しての当惑，保証を求めることや混乱。2つめは，統合失調症者における内的構えの浮動性。3つめに，達成欲求（achievement need）の欠如と自閉性による，反応欲求（need for responding）の喪失。

　　incapacity of explanation, apathy in decision, perplexity, impotence, vagueness, fluid, forgotten, indifferentiation of percepts, loose combination

- **incapacity of explanation**：質疑の段階において，「何となく」「なぜと言われても…」など，自由反応段階での反応の知覚理由を説明しえない場合。過度な防衛的態度のあらわれ，把握の曖昧さ（vagueness）と自信のなさ，または抽象思考能力の障害による混乱や質疑の意味の了解困難，時には拒絶的態度などが考えられる。
- **apathy in decision**：2つの反応間でより適当なものを決定する際の迷いや決められなさ。後述の impotence のニュアンスが混じり，hesitation in decision（16頁参照）に比べて決定への欲求（drive）が乏しいもの。
- **perplexity**：連想の弱さと自信のなさのために，反応についてテスターに保証を求めるような態度。「コウモリ，そうじゃないでしょうか？」など。
- **impotence**：反応の不適切さを認めながらも，それを撤回したり，より適切な反応に修正したりする力がなく，そのまま放置されている場合。「これは魚でしょう。しかし魚に似ていない。私にはわからない」など。
- **vagueness**：知覚の成立について曖昧な感情を持ち，明確な説明ができないもの。「人間…のように思うけれど，よくわからない」など。
- **fluid**：質疑を繰り返すうちに内容の一部または全部が，一領域または全部が，質疑におされて変わってゆくもの。「地図のように見えます。＜質疑＞輪郭が似ています。＜質疑＞アメリカで，チリ＜再度確認の質疑＞いや，ヨーロッパです」など。
- **forgotten**：自由反応段階での反応が，質疑段階において忘却されているもの。
- **indifferentiation of percepts（responses）** ＊：2つの反応なのか1つの反応と解釈すべきなのか迷われるものや，1つの反応を出している途中で次の反応を想起し，直ちにその反応に移行するもの。その後に再び前の反応に戻ることもある。「地図だね。全体的にね。この白いところが，この抜けた穴は宝石みたい」など。混沌としたまとまりのない思考（amorphous thinking）といえる。

　＊我々は上記の説明から，indifferentiation of responses と表記した方が適切と考えて，このスコアを理解している。名古屋ロールシャッハ研究会

(1999) においても responses と記載されている。

loose combination：質疑段階で，最初に出された反応に周辺のブロットを順次付加していき，最後に W 反応となるものであるが，必然的な結びつきに乏しく，極端な場合はただ反応を羅列したようなものとなる。受動的な W への欲求（drive）だが，概念形成機能の貧弱さや現実吟味の衰弱の徴候でもある。「人間です。＜質疑＞クモで，青虫で，これはライオン。＜再度確認の質疑＞いや，人間の傍にいる」（カードX）など。

(7) Repetition：反応の反復

同一または同種類の反応が繰り返し反復して反応として出現するものである。ブロットの特徴をある程度生かしているものから，全く自動的に反応が出されるものまで幅広く，反復のあり方によって心理的意味づけは異なるが，いずれも自由な想像性，創造性の不足の反映とされる。

repetition tendency, preoccupation, perseveration, automatic phrase

repetition tendency：後述の preoccupation や perseveration のいずれにもスコアされない程度の反復（repetition），またはその両者の移行型のようなもの。反応内容の反復だけでなく，ブロットの似たような部分ばかりを選ぶ場合や，同一の細部に固着してそこに多くの反応を出す場合も含む。

preoccupation：ある反応が頻繁に全プロトコルを通じて出現するもので，ブロットの特徴を無視してはいないもの。当被検者または一般に，感情的コンプレックスと関係があると判断される反応内容となる。ただし，人間および動物反応は除き，その他の反応は一般的出現頻度に照らして5個以上または3個以上の場合とする。

perseveration：3枚以上のカードにおいて，初めの反応を除き刺激の形態を無視して同様な反応が継起する場合。とびとびに出現する場合は（ ）で記す。

automatic phrase：きまり文句が全カードの半数以上に与えられた場合。「私は何も言えない」「これは対称的だ」など。

(8) Arbitrary Thinking：恣意的思考

　思考の恣意性を意味するが，思考の過度の自由性があらわれたものともいえる。個人的な恣意的確信をもち，適度な解釈意識（Deutungsbewusstsein）に基づく現実吟味が若干崩れかかっているものの，想像力自体の減退は少ない。

　preoccupied response attitude, arbitrary combination, rationalization, arbitrary discrimination, figure-background fusion, projection of color, overdue relationship verbalization, overspecification, arbitrary response, arbitrary linkage, arbitrary belief

preoccupied response attitude：反応する際にどのような構えで反応すればよいかを自己流・恣意的に決定し，反応するもの。テスト教示の自己流の解釈がうかがわれ，現象の多くは強迫的パターンを示すもので，以下の5つがある。

(a) corrective rigidity（一定の回答以外は間違いだという思いこみ）
(b) whole compulsion（W反応産出へのこだわり）
(c) no turning（カード回転がない）
(d) completeness compulsion（16頁参照）
(e) color naming（13頁参照）

arbitrary combination：刺激特徴の結合あるいは解釈を示す反応で，やや奇妙でほとんどありそうにないけれども，起りうるだろうと想像上では思わせ，かつ納得される力をもっているもの。次の2種類の出現方法がある。

(a) 色彩とブロットの形体のcombination：Klopfer（1953）の強制色彩反応（forced color）に相当する。
(b) 独立したブロット間のcombination：「壁にかけている熊の頭。狩猟小屋のように，その上に長靴が投げかけてある」（カードⅣ）のように 概念化が緊密である点が，後述するarbitrary linkage（22頁）と異なる。

rationalization：基礎的形態が不適切（F−）であるため，合理化して解釈しようとしたもの（Phillips & Smith, 1953）。たとえば，カードⅠのD5での「耳をピンで後にとめたウサギ」という反応は，ウサギという概念を発展させるのに必要な「耳」に類似したブロットがないために，それを代償しようとし

て「ピンでとめた」という合理化がなされている。反応の基礎的知覚が無理なブロットで，それに対するこじつけを知的概念化で補う意図がある。本スコアでは combination の反応はない。

arbitrary discrimination：対称的な2つのブロットに対して，恣意的に異なった意味づけをするもの。「こっちが男性で，こっちが女性」（カードⅢ），「右がクマで，左がトラ」（カードⅧ）など。

overdue relationship verbalization：あるブロットでの具体的反応内容を，隣接のブロットとの関係において述べているもの。関係づけられたブロットの方はその特徴が全く無視され，単に関係づけのためにのみ利用されている。「ここから出ている胃」，「人が立っている。後ろに何かがある感じ」など。

figure-background fusion：像（図）となる部分と通常はその背景（地）となるはずの近接の部分が，形態の特徴において1つの概念のなかに取り入れられて使用される場合。「オニの顔。これ（D2）角，これが目（d1），このへんに鼻（DS6）があって，口（DdS1+1）」（カードⅢ，WS）など。

arbitrary response：極端に恣意的で，容易に認められうるゲシュタルトをつくれない領域から反応を作り出すもので，以下のような場合がある。

(a) 自分のイメージに合わせて，ブロットを恣意的に分割するもの。Dd（dr）の多くが該当。

(b) ブロットに付加して恣意的に反応をつくるもの。「地球儀を上から見た，ここ（空白部分）に丸く線を引けば」（カードⅧ）など。

(c) 隣接していない領域を恣意的に結合させて反応をつくるもの。「頭（D4）で，尻尾（D3），エビ」（Ⅱの赤い部分）など。

(d) 反応内容の固有の形を故意に変形させてブロットの形に合わせようとするもの。「壁を破ってバラバラになっている」など。

arbitrary linkage：隣接の領域と結合して出される反応であるが，結合に必然性が乏しく極端な場合は羅列（並列）に近いものになる。loose combination（20頁）と arbitrary combination（21頁）の中間のスコアで，受動的な W 傾向が想定される。「二人の踊り子がひっついている」「動物の上に鳥が乗っている」など。

arbitrary belief：恣意的に断定的に反応を肯定しようとするもの。「まさにア

ゲハ蝶です」「まったく本物そっくりだと思います」など。
projection of color：黒色カードにおける色彩の指摘。「血液」（カードⅠ）「華やかな色彩の蝶々」（カードⅤ）など。色彩に言及していなくても黒白カードに「きれいな花」などを反応した場合は，（　）で記す。
overspecification：作話的特定化（fabulized particularization）。「アキコのマフラー」（カードⅤ），「自由の女神像」（カードⅣ,D1），「富士山」（カードⅧ,D3）など。

(9) Autistic Thinking：自閉的思考

　ここには，現実吟味の自我機能が崩壊し，解釈意識が変容した自閉的心性によるスコアが含まれる。論理の矛盾と非合理性，非現実な知覚像，知覚視点の融合や混乱として出現する。"自我検閲"の障害を疑わせる。

> viewpoint fusion, content-symbol fusion, fabulized combination tendency, fabulized combination, confabulation, contamination tendency, contamination, contradiction, deterioration color, autistic logic, transformation, blot relation

viewpoint fusion：知覚像をうる際の視点の混乱と融合。内容的に以下の2つに分けられる。
(a) internal-external fusion：Holt & Havael（1960）の概念。「ここが胸でブラジャーをして，下は子宮」（カードⅧ）のように身体内部と身体外部とが同一平面上に共存する場合。
(b) 視角のfusion：横から見た像と上から見た像のように，異なった視角からとらえられた像が同一平面上に融合され，1つの反応として知覚される場合。「船が進んでいる。マスト（D1）と，船体の右側と左側（D2の左右）」（カードⅥ）など。
content-symbol fusion：形態による反応内容と象徴による反応内容とが融合されているもの。前に述べたcontent-symbol combination（18頁）では両者が別々に意識されているが，本スコアでは分化する以前の段階と考えられる。「革命の島」のように「島」は形態から述べ，「革命」は血から連想した象徴

内容である場合など。

fabulized combination tendency：fabulized combination に準ずるが，「花の上にエビがつけてある。そんなのおかしいなあ」（カードⅨ），「そんなことないね」などと自己批判が入る場合や，検査者にも存在可能性があると想像させるもの。

fabulized combination：作話的結合。「蛇のような頭をして，羽をもった怪物が尻尾にランプを下げている」（カードⅥ），「鳥，三本脚」など，現実吟味の崩壊がみられるような，非現実的な反応。

confabulation：ブロットの一部分の反応内容をもとにした全体反応（DW）またはそれに準じる反応（DdD）をいう。「ここが鼻だから犬」など。

contamination tendency：次の contamination に準ずるもの。

contamination：同一のブロット領域で2つの概念の融合が生じているもの。「2人の人がローソクを捧げている（d1）…ここ（d1）は教会のようだ…彼らは教会の鐘を鳴らしているのでしょう」（カードⅡ）という Rapaport の例が有名である。

contradiction：反応に伴う修飾およびその合理化の全過程において，その思考過程に論理的矛盾があるものを平気で述べているもの。「これは綺麗だ，毛皮の感じがする，だからゴリラだ，怖いもの…コウモリ，ゴリラ，吸血コウモリ，南京虫」のように，論理的矛盾が感情面におかれる場合（affective contradiction），「空を飛ぶ人々」「ヒッチハイクのために指を出している悪魔」のように，知覚像の示す運動がその反応に不適当な場合などがある。

deterioration color：現実性を無視したり，現実に適応させようという合理化のなされない色彩の使用の仕方。「悪性の疾患のよう…全ての色が」「塩昆布に見えます。他も全部。赤い昆布，青い昆布…」（カードⅧ）など。

autistic logic：出された反応に対する説明が個人的，自閉的であるもの。以下のように分類される。

(a) 質疑に対して同じ抽象レベルでの説明（adhelevel of abstraction）：「腰の骨，＜質疑＞形が似ている。＜再度確認の質疑＞骨の形だから」など。

(b) その知覚像において主要ではない要因での説明（incontiguity between percept and explanation）：「蛾みたい，＜質疑＞黒いから」など。

(c) 被検者の学歴，文化的背景，年齢からみて当然知っていると考えられる知識体系が壊れ，客観的事実でない知識体系での説明（destruction of knowledge-system）：「ばい菌，＜質疑＞絵の全体，嚙むところが似ている」など。
(d) 類似（similar）のものを同一（same）とみなす思考（law of participation）：「空気，＜質疑＞色が美しいから」（色が美しい－清浄－空気という論法が推察される）など。
(e) 自閉的論理にもとづく，特異な象徴反応（autistic symbolism）：「正月の風景。二人の人が遊んでいる。赤が正月」（カードⅢ）など。
(f) 使用されたブロットの全刺激カードにおける位置関係からの説明（position response）：「これは北極，＜質疑＞上にあるから」など。
(g) その他（others）：(a)から(f)以外の自閉的思考を示すもの。「武器，＜質疑＞痛いから」など。

transformation：ブロットに見られているものが眼前で変容していることを明確に述べる場合。「コウモリ，ちょっと待って，それは変わりつつある。何か別なものに…それはネズミになりつつある」。

blot relation：ブロット間の関連づけに関するスコアで，次の2つの場合を含む。
(a) 「前のカードの続きで…」「これもまた…」のように，他のカードと同一意図をもって作られている，というような確信をもった自閉的関係づけ。
(b) 「これとこっちは関係があります」のように，具体的反応内容を把握できずに，2つのブロットを力動的に関係づけようとするもの。

(10) Personal Response and Ego-boundary Disturbance：個人的体験の引用と自我境界の障害
　個人的な体験を反応の合理化や説明に利用するもの。さらに，自我境界（Ego-boundary）の明白な障害としてあらわれるような自己関係づけも含む。
　personal experience, utilization for illustration, personal belief, delusional belief

personal experience：反応産出の前後，途中に付加される個人的体験の表出。「個人の体験によれば」という意図を顕在的，潜在的にもち，そのため自我強化の機制と同時に逃避的合理化の機制の混合が推測される。次の (a) (b) 2つに分けられる。
(a) 自己体験の想起 (personal remembrance)：「会社にそれがあります。それを使って仕事をやっています」など。
(b) 自己体験を用いた合理化 (personal rationalization)：「私が会社にいた時，これを使ったので，それに似ているから」など。
utilization for illustration：personal experience と類似しているが，「〜のような」と例示することで，反応を相手に明確に伝えるために個人的経験や知識を用いるもの。「人気アニメに出てくる＊＊のような犬」など。
personal belief：「プードル犬，娘がこんなものを欲しがっていたので」のように，反応産出の発想を自己の動機に帰属させたもの。
delusional belief：自我境界の障害，人格水準の低下として理解される。「私に向かって飛んでくる昆虫」「大男，私に襲いかかってくる」などである。

(11) Verbal Strangeness：言語表現の特異性

ここに含まれるスコアは，言語表現の特異性がみられるものである。言語表現の一種の粗雑さが中心にあるといえる。

verbal slip, amnestic word finding, indifference for verbalization, peculiar verbalization, neologism

verbal slip：単語の使用が間違っているもので，直後に積極的に訂正したものは除き，一時でも気づかずにいる場合。被検者の学歴，知能，年齢，文化的背景などの知識体系から，ある程度許容できる範囲のものであっても含む。
amnestic word finding：単語を想起し得ず，それを意識しているもの（健忘）。「なんだったかな…この花の名前は，あの…」など。過度の対人緊張，記憶力障害，自閉的であまり考えようとしない態度，生活視野の狭さなどが想定される。
indifference for verbalization：被検者が言わんとするところはわかるが，言

語表現の拙劣さ，無頓着さからくる不適当な言語表現（unqualified verbalization）。次のようなものが想定される。
(a) 不適切な単語の使用（inappropriate vocabulary）：verbal slip 以上に不適切さの度合の強いもの。
(b) 文法的不適切さ（失文法）（agrammatism）：助詞，助動詞，接続詞の不適切な使用など。
(c) 未完成文章（pathologically unfinished sentence）：文章が中途で止まり言おうとすることも不明となるもの。
(d) 代名詞の多用（excessive use of pronoun）：意思疎通を欠く可能性のある場合で，テスターが了解しているものという自閉的確信があると考えられる。
(e) 誘導的知覚（inductive perception）：全身体像を知覚していると思われるのに，全身体的に「人間」「動物」などと述べられないもの。Piotrowski (1940) の概念。
(f) その他（others）：(a) 〜 (e) にあてはまらない，言語表現の不適切さ。

peculiar verbalization：不自然に誇張された衒学的な表現。「綺麗な犬。犬の中でも最も高貴な犬」など。

neologism：言語新作。「ノボリンボみたい。下に何かあって登っていくみたい」など。

(12) Association-Looseness：連想弛緩

知覚像の良否とは無関係に，連想過程の弛緩 looseness を示すものである。Bleuler の所謂 Spaltung が中心的役割をなしている。以下のスコアが含まれているが，すべて精神症状をあらわす概念と同義のため，本書では各スコアに分けて記載せずに，カテゴリー名である Association-Looseness として一括して扱っている。

irrelevant association, loose association, flight of idea, incoherenece

irrelevant association：反応または質疑の途中で「今日は，何曜日でしたかね」など，無関係な語りかけがなされるもの。
loose association：次項の flight of idea と incoherence の傾向の間にあるもの。

flight of idea：観念奔逸。「リンゴが落ちる，サルも木から落ちる，星が落ちる，チルチルミチル，青い鳥…（精神医学事典）」のように，表面的な結びつきはみられ，個々の語句の概念に崩壊はないもの。
incoherence：支離滅裂。まとまりのない，何を話しているかわからない言辞。

(13) Inappropriate Behavior：不適切な言動

　ロールシャッハ法施行中における被検者の動作面を観察によってとらえたもの。カード処理の方法，検査やテスターに対する感情等が行動や言語で表出されたものが含まれ，次のようなものがある。
(a) 出された反応とカードの向きが逆の場合。たとえば，カードⅧで∨向きで「動物が山に登っていく」など。
(b) カードのある部分をそこから受ける情緒的反応のために隠そうとする場合。
(c) 除外する意図を持ってカードのある部分を手で隠す場合。
(d) 人間部分反応等において，反応語の後に，さらに「ここです」と自分の身体部分を指摘する場合。
(e) 運動反応において，それに伴う運動を自らジェスチャーで示す場合。
(f) テストを受けることへの強い猜疑心や反抗的言動
(g) Edging（カードを水平にして見るなど）
(h) カードを斜めに持つなど，一般的ではないカード回転の仕方。

　なお，以下の各章においてカテゴリーに言及する場合，長い名称を適宜省略した形で記載した。

第2章　思考・言語カテゴリーの青年期健常群におけるあらわれ
―ロールシャッハ反応の豊かな世界―

はじめに

　本章では，思考・言語カテゴリーからみえてくるロールシャッハ反応の豊かな世界を，わかりやすい反応例とともに示したい。なぜ被検者は，図版に対して「犬の顔に見えます」，「2人の人が向かい合っているところです」といった単純な反応で終わるのではなく，犬の種類を限定したり，人が向かい合って踊る祭りの様子を細やかに説明するのであろうか。こうした"余剰"は，どのような意味をもつのであろうか。

　ロールシャッハ反応における限定づけや詳細な説明の中には，被検者が世界をどのように体験しているのかを知るさまざまな情報が詰まっている。思考・言語カテゴリーは，この情報を分析するための有用な道具である。反応を産出するときの思考様式や言語表現に着目することによって，被検者の体験を詳細に理解することができる。反応を生み出す個人の心的過程を把握することができるのである。また，思考・言語カテゴリーを用いることで，反応にみられる限定づけや詳細な説明の意味を，検査状況における被検者と検査者の関係の中で理解することもできる。適度な余剰であれば，他者（検査者）と共有することができる。しかし，余分が過ぎて過剰となれば他者との共有は難しくなる。検査者の理解が反応の意味に追いつかないのである。他方，余剰の欠落は他者とのコミュニケーションの断絶である。他者が反応の意味を理解するために必要な材料が不足しており，とりつく島がないのである。

　ここでは，健常な青年の反応例を示し，適度な余剰とその意味を自我機能の観点から考察してみたい。対象は大学生を中心とする23名の学生のロールシャッハ反応である（星野ら，1995；森田ら，2001）。

反応例の提示

　健常な青年たちが産出する適度な余剰は，主に思考・言語カテゴリーにおける3つのカテゴリー，Defensive Attitude, Fabulization Response, Personal Response に分類することができる。この3つのカテゴリーは健常群と臨床群に共通して出現し，反応を言語化し合理的に説明する際に頻繁にみられる。とりわけ，それぞれのカテゴリーのうち本章で紹介するスコアはその傾向を強く示す。したがって，これらのカテゴリーを病理的な徴候と考えるのは早計である。むしろ，本書の「実践編」と「展開編」で論じられる思考・言語カテゴリーの系列を理解するための起点としてとらえたい。思考・言語カテゴリーの病理群におけるあらわれは，ここで紹介する反応が"過剰"あるいは"欠落"の方向に展開したものとしてみることができる。

　なお，以下に記述する反応例には，当該スコアの根拠となる部分にアンダーラインを付して示した。

(1) Defensive Attitude

　Defensive Attitude は，反応したいという欲求に加えて，高い質の反応を出さなければならないという欲求があるために生じる防衛的態度である。このうち健常な青年に顕著に見られたスコアは，apology であった。apology は，反応する際に言い訳的な言葉を伴うことである。その方向を自己に向けるか客体（つまりブロット）に向けるかによって self-critic と object-critic に分けられる。曖昧な図形を何かに見立てる課題に完ぺきな答えなどないのだが，この反応でよいのかという不全感がどうしても残る。そのことを弁明するのである。

apology（self-critic）

　図形を何に見立てて，何個ぐらいの反応を出せばよいのか。ロールシャッハ状況では，そのことの判断さえも被検者に委ねられる。それゆえ，自信満々で反応するというわけにはいかない。検査という課題状況であることや検査者の存在を意識すればするほど，あるいは意識できているからこそ，自分の能力が試されているように感じる。

　「〈∧〉ウサギが座って手を合わせているとか。犬にも見えます。鼻を合わせ

ているっていうか〈D1+1〉。赤いのが蝶に見える〈D4〉。…難しい。想像力ないのかな。」（カードⅡ）
「〈∧〉これは蛾に見える。と，コーモリにも見えるし〈W〉。うーん，それくらいかな，イメージ貧困かな。」（カードⅤ）

これらの被検者は，実際には多くの反応を産出している。それにも関わらず，自分自身の想像力を疑うような発言をするのである。反応しようという意欲が高いだけに，量に対するこだわりも強くなるといえる。そのために黙っていられず，つい弁明が出てしまうという感じである。
　次の例は，まとまった形態を見ることができない難しさを知的に説明しようとしたものである。反応の質が決して高くないことに自ら気づいており，そのことを弁明している。

「〈∧〉抽象的なイメージしかない。それを言葉にしろというと難しい。あえて言葉にすると死に近い存在としての子ども，胎児〈W〉。ちょっとおどろおどろしい。」（カードⅨ）

この生々しい反応が弁明なしで出されたなら，どのように感じるであろうか。反応の質を保とうとする意欲によって，その"おどろおどろしい"衝撃が多少なりとも和らげられている。self-criticは自己に向けられた批判であるが，これを行う被検者の視線は，反応を受け止める相手（検査者）に対しても向けられているといえる。

apology（object-critic）
　同じように自己不全感の反映であっても，ブロットを批判することによって弁明するのがobject-critiqueである。

「〈∧〉アゲハ蝶〈W〉。〈質疑段階〉蝶々の羽，胴。黒かったし。触角がないなあとは思ったけど。」（カードⅠ）
「〈∧〉あ，これはもう象の顔〈W〉。〈質疑段階〉鼻。牙。耳。象にしては小

さいけど〈d1〉。」（カードⅣ）

　ブロットが"そのもの"でないことは当然である（この感覚が失われると，Autistic Thinking に分類される反応が出現する）。それでもわざわざブロットと自己のイメージとの間にあるわずかな相違に言及することは，自分が産出した反応に厳密性を求める態度があることを意味する（星野ら，1995）。
　object-critic はまた，ブロットと自己のイメージの相違に気づいており，そのうえで自分がどういう過程で反応を導き出したのかを検査者と共有する意味もあるかもしれない。

　「〈∨〉赤い顔を持って，緑の羽根を付けて，足がオレンジの象の化け物。象が2本足になって漫画化したらこんな感じかなーって思います〈W〉。〈質疑段階〉緑のマントって感じかなー〈D3〉。…手にしては大きいし，羽っていうのも変だし，マントっていうのが一番当てはまるような気がしたから。」（カードⅨ）

　この反応は相当に非現実的でファンタジックである。しかし，「漫画化したら」という条件を付け，形態をうまくとらえきれない領域に対して批判的な説明を加えることで，何とかブロットと整合性のある反応に仕立て上げようとしている。この状況に相応しい反応，すなわち検査者に受け入れられる反応にして提示しようとする姿勢を読み取ることができるのである。

(2) Fabulization Response
　Fabulization Response は，反応する際に空想性を強め，ブロットの性質を基にして反応内容の種類や性質，そこに生起する感情状態などを指摘することである。反応内容をさまざまに限定づけたり修飾することによって，より具体性の高い反応が産出される。このカテゴリーは，ロールシャッハ反応における余剰の中核をなす。想像力が豊かで，かつそれがブロットの性質や実際の事物，検査状況といった外的現実とある程度合致していれば，適度な余剰といえる。しかし，外的現実から離れて作話的機能が強まってくれば，余剰の範囲をこえ

て過剰となる。

　健常な青年では，このカテゴリーのなかでも反応内容を限定づける definiteness と，反応内容を情緒的に修飾する affective elaboration が多くみられた。これらのスコアのうちにも余剰から過剰へのグラデーションはあるが，比較的適度な限定づけや作話傾向を意味するカテゴリーであるといえる。

definiteness

　知識や経験を豊かにもつ人にとって，図形はたんなる「人」や「蝶」ではなく，いろいろな特徴をもつそれらに見える。また，「人」や「蝶」であると言って終わるより，どのような人や蝶であるのかまで説明した方が，反応内容は生き生きとして他者にも理解しやすくなる。特に，ブロットの性質に基づいた大きさ（size）や性別（sex），地理（geometry），時代（era）などの限定づけが健常青年では頻繁にみられ，彼らの高い合理化能力をうかがわせる。

　「〈∧〉太ったコウモリ〈Ws〉。〈質疑段階〉まず羽がコウモリっぽい羽の広がり方だったんで〈D3〉。〈太った，というのは？〉胴体のこの真ん中のところが太めだったからです〈D1〉。」（カードⅠ, size）
　「〈∨〉赤いリボンをつけたカブトムシのメスに見えます〈D3+4〉。〈質疑段階〉オスだったら鼻がビヨーンとあるけど，ないから。それにリボンを付けているからメスかなと。」（カードⅢ, sex）
　「〈∧〉うちわのようにも〈W〉。〈質疑段階〉全体で。手に持つとこ〈D1〉…昔の日本で使っていた大きなうちわ。」（カードⅥ, era, size[1]）

　大きさへの言及もそうであるが，位置（position）や比較的まれな運動（activity）に関する限定づけは，図版から受ける強い印象やショックを知性化している可能性もある。そのため現実吟味との照合が必要とされるが，青年たちの反応の多くはブロットの特徴と比較的よく適合し，知性化に成功していた。

---

[1] 日本で実施されたテスト状況を考えれば，「日本」という限定づけは特別な地域の限定とはいえないので，definiteness（geometry）にはチェックされなかった。

「〈∧〉熊が，なんかサーカスかなんかで踊っているところ〈D1+1〉。〈質疑段階〉…立ったときの形がすごく似ていると思って。こっち〈右のD1〉は斜め後ろから見ている感じで，背中の方を見ている。」（カードⅡ, position）

「〈∧〉土偶を下から見上げたよう。巨大な土偶〈W〉。〈質疑段階〉下から見ると下の方が大きく見えるので。」（カードⅣ, position, size）

「〈∨〉蝶々が寝そべっている絵〈W〉。〈質疑段階〉この下の赤いところが，なんか蝶々の下羽に見えたから〈D3〉。〈寝そべっているというのは？〉デブだからなんか飛んでいるような感じではない。這ってるって感じ。」（カードⅡ, activity, imanimation, size[2]）

definiteness のうち，反応を無生命化したり（imanimation），歪曲したり（distorted），病気であるとする（disease）反応については，合理化の失敗を疑わねばならない場合がある。感情ショックや現実吟味の低下を検討する必要がある。ただし，このうち無生命化のスコアにチェックされる反応は，健常青年群ではそれほどめずらしくなかった。いずれも，反応とブロットの整合性をはかろうとして，それらが実際の人や事物ではなく"描かれた"ものであると合理化しているようである。

「〈∧〉人みたい。ハイヒールをはいているみたい…ダンスでもしそうな〈D1+1〉。〈質疑段階〉…ダンスっていう感じじゃない。何かのデザイン画みたいな感じ。お互いを見比べているみたい。鏡ってことも考えられますけど。」（カードⅢ, imanimation）

「〈∧〉半身で考えて女の子。おさげ，スカート。だから，シンメトリーだと2人向き合って，かな。横顔の鼻からあごの線がアメリカの絵の感じがしますね〈W〉。（カードⅦ, imanimation）

これに対して，distorted や disease に分類される反応は大学生ではきわめてまれであった。こうした反応は，以下の例のように合理化に十分成功している

---

[2] definiteness (imanimation) は「蝶々が寝そべっている絵」，definiteness (size) は「デブだから」という限定づけについてチェックされた。

とは言い難かった。

「〈∨〉上から押しつぶされた昆虫〈D4〉。〈質疑段階〉押しつぶされたっていうのは，昆虫っていうのはもっと細いんだけど，幅が広いから，こう，ぐわっと，開かれてつぶされたんだと。」（カードⅢ, distorted）

affective elaboration

反応内容を修飾する方法はいろいろあるが，ロールシャッハ法は情緒的反応を喚起しやすいことから，情緒的な調子が反応内容の修飾の中心になりやすい。ただの「人」や「蝶」ではなく，情緒的な修飾を伴って反応が産出されるのである。

「〈∨〉昆虫。なんかの気持ち悪い虫の顔にも見えるし〈dr〉。〈質疑段階〉トンボとかホタルの幼虫を正面から見た…目がつり上がってて〈Dd5〉，角が生えてて〈d5〉。」（カードⅠ）
「〈∧〉これも人間に見えるんですけど，人間が向き合ってるって，頭にインディアンみたいに羽を付けて踊っているっていうか。うん，踊って楽しい感じがします〈D1+1B〉。〈質疑段階〉羽〈d3〉，内側の凹凸が鼻，口，目〈Dd1〉，ピッと出てるのが手〈Dd2〉。」（カードⅦ）
「〈∨〉ランの花みたい〈W〉。〈質疑段階〉ピンク，オレンジが花〈D1+1+2〉。あとは茎，がく〈D3+6〉。毒々しげな感じがランみたい。」（カードⅧ）

上の例にみられるように，感情が否定的であれ肯定的であれ，それに圧倒されて対象の認知が過度に歪曲されることはない。適度な余剰において，修飾される対象は明確である。過剰な修飾によってブロットを離れ，現実吟味に支障を来すことがないのである。被検者の作話的能力や，他者と共通感覚をもとうとする姿勢を反映していると考えられる（星野ら, 1995）。

(3) Personal Response

Personal Responseは，個人的な体験が反応にあらわれるものである。この

カテゴリーに含まれるスコアは，反応を説明するために個人的な体験を利用するものから，現実吟味が低下し，妄想的な自己関係づけに至るものまでを含む。健常な大学生では，自分自身の経験や知識を活用して反応を合理化したり明細化したりする，知性化の反映が中心であった。具体的には，personal experience と utilization for illustration の2つのスコアである。

personal experience

　反応産出の際に，個人的な体験が表出されることがある。自分が見たことがある，知っている，経験したことがあるものだとすることで，反応に合理的な根拠を与えようとするのである。

「〈∧〉すごく不気味な感じ。沼とか，なんかのカッパに見える。お化け屋敷みたいな一場面〈W〉。〈質疑段階〉この頭が普通の人っていう感じがしない。昔マンガで見たカッパっていう気がする。」（カードⅢ）

「〈∧〉光線を出し，怪獣が何か前にいるものを燃やしとる〈W〉。〈質疑段階〉ここから光線を出していて〈D2〉，ここにいる人が燃えている〈D1+4+4+5+5〉。…〈怪獣に見えたのはどんなところから？〉だって，なんか，どうしてかなあ。小さい時にテレビで見た怪獣に似てたから。」（カードⅣ）

「〈＞〉縦にすると船。水しぶきあげて，それが水面に映っている〈W〉。〈質疑段階〉形もそうだし。最近船に乗ったから。…その印象が強かったと思うんですけど。」（カードⅥ）

個人的な体験の表出は，産出した反応に根拠を与える効果を持つが，根拠を十分に説明できない場合の逃避的な合理化を意味することもある。

「〈∨〉これは猫〈dr〉。〈質疑段階〉猫？〈カードの向きを変えながら〉こうでした？ 猫と言った記憶はあるけどな。…全体の形と猫の鼻が，家の飼っている猫によく似ていた。」（カードⅣ）

この反応は，ブロットを不自然に切り取って「猫」に見立てようとしたものであるが，被検者自身がその根拠に十分な自信を持てないようである。一応，形態を指摘するが，最終的には「飼っている猫に似ていた」から猫であると説明して切り抜けてしまう。形態水準はマイナスである。

utilization for illustration

このスコアは，検査者に反応内容を明確に伝えるために個人的経験や知識を用いるものである。personal experience よりも一般に共有された経験や知識がもち出される。これは，反応を明細化しようとする知性化の努力であると同時に，検査者と共通体験をもとうとする姿勢であるといえる（星野ら，1995）。ただし，一般に共有されているというのは被検者がそう考えるのであって，中には「〜のように」と言われても理解しがたい反応もある。そのような反応は，被検者の自我境界の問題をうかがわせる。

「〈∧〉飛行機，戦闘機。トップガン〈1986年のアメリカ映画〉に出てくるようなやつ〈W〉。」（カードⅠ）
「〈∧〉よく童話にあるような，いろいろな動物が集まってくる。オオカミ，キツネ，ウサギ。集まってきて，一番いばっているのはライオン〈Wcut〉。」（カードⅩ）
「〈∧〉顔が小さくて，足が異常に大きい怪物に見えます。…昔作られた映画の中の登場人物って感じがします〈W〉。」（カードⅣ）

次の反応は，ばらばらのブロットを何とか知識でまとめ上げようとしたものである。しかし，持ち出された知識が相当に個人的であり，知性化の試みが成功しているとは言い難い。

「〈∨〉ストラヴィンスキー，春の祭典。そのレコードジャケットになりそうな〈WA〉。〈質疑段階〉あれは音符に調整のない音楽ということで，現代音楽といわれるわけのわからない，一見して聞くとバラバラの1人1人が好き勝手にやっているような。これもつかみどころがなくバラバラ。色もそれぞ

れあるわけで。」（カードX）

まとめ

　これまで述べてきたロールシャッハ反応における適度な余剰からは，2つの意味がみえてくる。1つ目は，健常な青年の，検査状況における主体性の発現である。彼らは，反応に対していろいろと"余分"なことを付け加えていた。しかし，それらは適度であり，過剰になることはまれであった。ロールシャッハ・テストという状況は，相反する2つの傾向を持つ（馬場，1997）。ブロットに刺激されて，自我の空想性を強めて第一次過程に退行する傾向と，自我が外的現実への適応性を維持し，統合力を強める傾向である。この2つの傾向の交互作用によって，それぞれの被検者に固有の退行様式が生まれるという。このとき，自我が健康に機能しているなら，反応産出過程で検閲機能が働き，検査状況という場を読んで反応するという現実検討力は保たれる。さまざまな余剰は合理的に説明され，知性化の反映とみなすことが可能になる。余剰を伴う反応は，自我の柔軟性，ゆとり，遊びを反映したものとなるのである。一方，図版から受ける強い印象に飲み込まれると，自分自身を見失い，受け身に反応するしかなくなってしまう。病的な退行様式である。

　思考・言語カテゴリーからみた健常な青年の反応の多くは，彼らが検査状況のなかで主体性を維持しながら，自分自身が主導して産出したものであるといえる。反応を産出し，それについて語る主体の責任が明確に保たれている点で，彼らの反応様式は，辻（2008）のいう「主語主義」の原理にのっとっている。自分自身を状況に明け渡してしまい，状況が場を支配する「述語主義」（辻，2008）になることはめったにない。この特徴は，池田（1995）の主張する統合失調症者と健常者の知覚の原理にも対応する。健常な青年の反応において，図版によって惹起された生々しい感情，自分自身の経験，細々とした限定づけなどの述語（ノエシス）は，あふれ出てそのまま宙に漂うことはない。ある程度明確な形態をもつ「人」や「蝶」といった主語（ノエマ）に収れんされていくのである。

　2つ目にみえてくる意味は，被検者（自分）と検査者（他者）の関係性の問題である。適度な余剰は，同じ図版に対しても，自分と他者とでは違うものを

知覚しているかもしれない．違うからこそ説明を必要とするという認識を前提としている．検査者に向けて反応の細部を明細化したり，合理化したりしながら，自分の体験した世界が検査者に伝わるような形に調整するのである．

　自分と他者の知覚が必ずしも同一ではないという認識は，自我機能における重要な要素である．他者との距離を喪失したり，融合してしまえば，個人的な認識が当たり前のものとして延々と語られる．あるいは，他者の存在が希薄になれば，共通感覚をもとうとする意欲はなくなり，反応の説明は欠落する．この問題は，被検者とブロットの関係性についてもあてはめることができる．図版に刺激され，揺さぶられて，それとの距離を喪失すれば，防衛はほころび，生々しい感情や内面の歪みが露呈される．図版との距離が遠くなったり，関与しようとする意識を失えば，ぶっきらぼうな反応の羅列となる．自分と他者を異なる存在として区別し，見分けたうえで（辻，2008），ふたたび共通の体験をもとうとする意欲が，ロールシャッハ反応の余剰を支えているのである．

　このように，思考・言語カテゴリーからみえてくるロールシャッハ反応の豊かな世界は，被検者の自我機能のありようを示してくれる．反応のみならず，その産出過程，言語表現，検査者との対人関係を評価することが可能なので，健康な反応様式から病理的な反応様式まで幅広く理解できるのである．ただし，本章で提示した各スコアの反応例，すなわち適度な余剰を，過剰や欠落と比較して相違を確認する必要がある．本書の「実践編」と「展開編」で述べられる臨床群とぜひ比較してみてほしい．

実践編

第3章　統合失調症にあらわれる特徴

第1節　慢性統合失調症事例

1. ロールシャッハ法による統合失調症への接近

　Rapaport（1946）の「逸脱言語表現」（deviant verbalization）以来，Watkins & Stauffacher（1952）のΔ（デルタ）％，片口ら（1958）のRSSといった，精神病理とくに統合失調症を鑑別しうる指標が示されてきた。

　Watkins & Stauffacherのデルタ％は，Rapaportの逸脱言語表現の指標から以下の項目を選択して尺度化したものである。1. Fabulized Responses 2. Fabulized Combinations 3. Confabulations 4. Contaminations 5. Autistic Logic 6. Peculiar Verbalization 7. Queer Verbalizations 8. Vagueness 9. Confusion 10. Incoherence 11. Over-elaborate, symbolic responses 12. Relationship Verbalization 13. Absurd Responses 14. Deterioration Color 15. Mangled or Distorted Concepts。各項目は病理を反映する度合によって重みづけされ（デルタ値），プロトコル全体の総デルタ値を反応数で除してデルタ％を求め，指標とする。健常群，神経症群，精神病群を比較したところ，有意な差がみられ，その後のいくつかの追試研究でも同様の結果が得られている。

　片口のRSSは，デルタ％，P，ΣF+％，W-％，修正BRSの5つを指標として用い，それぞれに重みづけをした得点を算出する。この方法について，片口（1974）では，ロールシャッハ法のみから統合失調症の診断を決定づけることはできないと考えているが，その予測は可能であるとする立場にたっていること，前提として人格の適応水準が正常→神経症→統合失調症の順で低下し，相対的・量的な尺度で評価しうるという仮定をもっていること，ただし，知能指数などの比較的安定した数値とは異なるので，数値そのものにあまりとらわれてはいけないこと，さらに，RSSの5つの構成要素の分布によってロールシ

ャッハ法からみた統合失調症のタイプを想定することが可能なのではないかという示唆も述べている。

Lerner（1998）は，逸脱言語表現に関する研究をレビューし，「とりわけ混交反応，作話反応，不調和な結合反応，作話的結合反応」が，さまざまなロールシャッハ尺度に含まれており，これらのスコアが「精神病理の水準と称する共通因子と結びついていると示唆できる」としている。何らかの思考障害や退行状態を示す指標と言える。名大法の思考・言語カテゴリーにおいてもこれらのスコアは，Fabulization Response, Arbitrary Thinking, Autistic Thinking の3カテゴリーに分散して含まれている。

ところが，病院臨床において，長期に入院している慢性の統合失調症の方々を対象としてロールシャッハ法を実施してみると，そのプロトコルから受ける印象は，諸理論や従来の研究で言われてきた特徴とは若干異なる場合もあるように感じられる。たとえば，作話的結合のような華やかな（という表現が適切かどうか，自信がないが）反応は決して多くなく，むしろ修飾がすっかりそぎ落とされ平板化した反応や漠然とした反応が多かったり，時に突飛な内容を述べるものの説明がうまくつかなかったり，そもそも「何かになぞらえて見る」という反応産出過程が被検者のなかで曖昧になっているような印象も受ける。思考・言語カテゴリーを用いることによって，慢性統合失調症の人たちとのかかわりのなかで感じていたことを記述できるのではないだろうか。そこで，まずは，少数例の検討により傾向をつかむことから始めた（森田ら，2000）。その後，さらに資料を追加して再検討を試みた結果を，以下に紹介する。

2. 慢性統合失調症者の思考・言語カテゴリーの特徴

発症後10年以上を経過した統合失調症群38名（男性21名・女性17名，平均年齢35.5歳）を対象とした。

38名の総反応数は平均14.1（標準偏差6.11，最小5〜最大33）であった。うち21名に1枚以上のcard rejectionがみられた。初発反応時間は平均14.6秒（標準偏差4.9）と比較的速い。把握型としてW反応とD反応（ここではdやDdも含めた部分反応すべて）の比率をみたところ，W優位17名，D優位21名であった。体験型は，内向型（$M \geq 2$ かつ $M-\Sigma C \geq 1$）14名，外拡型（ΣC

≧2かつΣC-M≧1）8名，両向型（M≧2でΣC≧2かつ|M-ΣC|<1）4名，両貧型（M<2かつΣC<2）12名である。F％の平均55.0％（標準偏差20.2），F+％の平均は52.8％（標準偏差25.2）。A％平均は52.9％（標準偏差19.7），名大法のP反応の平均出現数3.2（最小0～最大7），感情カテゴリー（159頁参照）では，平均N％が43.8％（標準偏差19.2），Total Unpleasant％が高いのが特徴的で，平均59.6％（標準偏差19.6），31名が50％を上回っていた。

以上の数量指標から全体としては，現実吟味力が低下していることや，生き生きとした情緒性にやや欠けるきらいはあるものの，一方で社会性や対処能力がそれなりに機能していることも十分うかがわれる。では，次に思考・言語カテゴリーを用いて，これらのプロトコルの特徴をとらえてみよう。

図3-1に38名の慢性統合失調症者の思考・言語カテゴリーの内訳を示した。数の上では，Fabulization Responseが最も多くを占め，次いでDefensive Attitude, Constrictive Attitude, そしてAssociative Debilitation, Personal Responseと続く。これら5つのカテゴリーは，半数以上の対象者において1つ以上のスコアがみられたものでもある。Arbitrary ThinkingやAutistic Thinkingに含まれるスコアは予想外に少なかった。

次に，他の臨床群との異同も含め，慢性統合失調症の特徴を述べていくことにする。

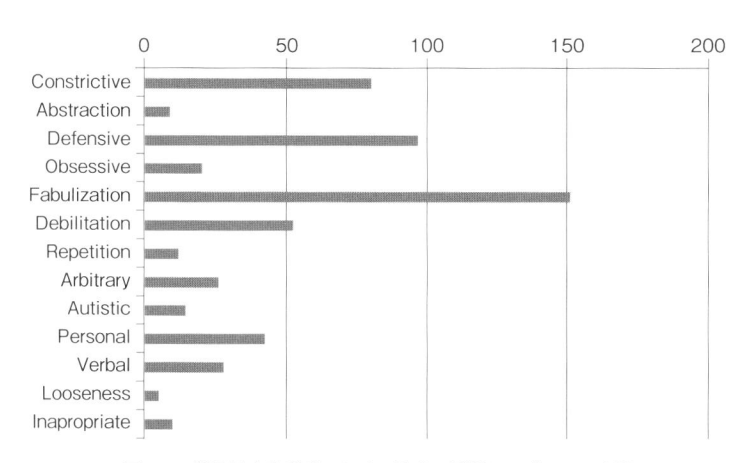

図3-1　慢性統合失調群における思考・言語カテゴリーの内訳

(1) 過剰な修飾や限定づけの少なさ

　Fabulization Response は，私たちがこれまで検討したどの群においても圧倒的に多くの割合を占めていた。たとえば，「女の人（definiteness（sex））」や「大きな蝶（definiteness（size））」，「怒っている顔（affective elaboration）」といった反応の限定づけや修飾は，ほとんど誰のプロトコルにもみられるものである。慢性統合失調症群においても Fabulization Response カテゴリーのスコアは最も多く出現している。しかし，健常青年群やパーソナリティ障害群においては Fabulization Response が他の各カテゴリーの倍以上の差をもってチェックされているのに対して，統合失調症の場合はやや控えめであるといえるだろう。

　慢性統合失調症群の Fabulization Response のスコア内訳としては，その7割近くが definiteness であった。affective elaboration, overdefiniteness, overelaboration はそれぞれ1割程度であり，情緒的な色合いをもつ，投影性の高い反応が相対的に少ないことも，パーソナリティ障害群や健常青年群と異なっている。このことから，みずからの反応をわかりやすく検査者に伝えようとする構え（Communicative Elaboration：6章を参照）に乏しいことが特徴と言えるだろう。

(2) 知覚と表出における曖昧さや不確かさ

　Defensive Attitude, Constrictive Attitude, そして Associative Debilitation の多さからは，自己不全感や自信のなさ，自我萎縮的態度，知覚－連想過程の曖昧さや不確実感など，反応産出に至るさまざまな段階での困難さが示されている。

　Defensive Attitude カテゴリーの約半数は apology であり，その中では self-critic（「私には難しくて，よくわかりませんが…」など）の方が多いが，object-critic（「本当はちょっと違うけど…」など）も少なくない。次いで additional response が比較的多くみられた。

　Constrictive Attitude カテゴリーでは rejection が半数以上を占め，Associative Debilitation カテゴリーでは apathy in decision（「○○にも見えるし，△△のような気もするし…」など）と incapacity of explanation（「何とな

く，そう見えました」など）が主であった。

　これらは主体的自我の脆弱さと連想の維持困難を感じさせるものであるが，反面，definiteness が皆無ではないこと，Defensive Attitude のスコアがチェックされていることから，知覚対象に対して部分的には現実検討が働いている。

(3) 病的思考の背景化

　明らかな恣意的，自閉的思考を示すスコアは全体として多いとはいえない。Personal Response カテゴリーのなかの personal experience が半数以上の対象者のプロトコルに出現しており，際立っている他は，Arbitrary Thinking カテゴリー（overspecification, overdue relationship verbalization など）が約4割の人にみられた。

　また，Autistic Thinking カテゴリー（autistic logic など），Verbal Strangeness カテゴリー（indifference for verbalization, verbal slip など）が3割弱の人に集中的にスコアされていた。これらは，他の群ではあまり出てこないものであるが，統合失調症者群全体に共通した特徴的な傾向かどうかは判断しがたい。

　38名のなかにも，豊かではないが安定した状態像を示す場合と，自閉的な論理や奇異な言語表現が目立つ場合とがみられた。前者の例と考えられる W さん，そして，後者の例として，いわゆる逸脱言語表現が特徴的と考えられる Z さんの2事例を，次に提示する。

3. 事例の検討
(1) 事例 W

　表3-1は，20年近く入院していた五十代後半の女性 W さんのプロトコルである。若い頃は幻聴，暴力などで家族が手をやく状態であったが，その後症状は落ち着き，しかし無気力な状態が続き，両親が亡くなった後は引き取り手がないまま長期入院となっていた。病棟のなかでは作業を黙々とこなし，配膳などの手伝いをして，看護スタッフからは重宝がられる向きもあったが，他患との交流はあまりなく，行事のない日は病室で半日じっと座っていたり，横になって過ごしたりしていた。時に，動作の遅い他の患者を激しく罵倒するような

表 3-1　事例 W

カードⅠ			
∧ 何に見えたかわからんねえ。わからんねえ。 20″ ∧ ①コウモリみたいな感じもするけどね。(他に?) 蝶々のような気もするし…はい。 45″	これ <D3+3> 羽。このへんの感じが。	① W F+ A P N	self-critic apathy in decision

カードⅡ			
∧ これは何と言ったらいいんだろうね。なんと言ったらいいかわからんね。赤いものが上について。何だろう,一体。連想するものがないね。 45″			rejection color description self-critic

カードⅢ			
5″ ∧ ①お人形さんが二人, 合わせたような恰好だね。わからんわ。 25″	膝曲げて, 頭で, 何かもって。(お人形さん?) 手足がはっきりしとらん。	① D1+1+6B Mp+ H/·Toy Dch	definiteness (inanimation)

カードⅣ			
∧ これは何でしょう。(何に見えますか?) 何に見えるかね。 37″ ∧ ①岩みたいなもんに見えるけどね。岩の…海の中にある岩ね。 50″	東尋坊みたいな岩ならいいけど, ちょっと違う。この間<D1 と D5 の間の S> 水のくぐるところ。	① WS (Si) F+ Nat N	object-critic

カードⅤ			
5″ ∧ ①これはコウモリみたいに見えます。 15″	頭で羽で。	① W F+ A P N	

カードⅥ			
∧ 何だろう, これは。難しいね。何だろうね。何と言って説明していいかわからんわ。 40″			rejection self-critic

カードⅦ			
10″ ∧ ①島みたいな様子に見えますね。 40″	こういった, つながってる所。奄美大島行ったら, こうつながってるんじゃないかね。	① W F- Geo Aev	personal belief

カードⅧ			
15″ ∧ ①これは屋台で売ってるようなもんに見えるわ。…何だろうね, わからんわ。 40″	水鉢に入れた金魚みたいな気もするし, 花入れた感じもするし。(?) この丸さから。	① WA F- Rec·Imp Dch	apathy in decision

カードⅨ		
∧ これはいろいろのもんに見える。何と説明していいかわからんね。下から見て，真ん中から見て上から見ても。　　　　　　　　　　50"	(いろんなもん？) 花もあり，葉っぱもあり，色褪せた葉っぱもあり…	rejection self-critic additional response (Add W CF- Bot・Flo N)

カードⅩ		
∧ これは難しいね。 40" ∧ ①シャンデリアに見えたり，②蝶に見えたり，いろいろ。　50"	① <D5, D8, D12 を指して＞下がってる。 ② こことここに2匹	① D14+12+8 F- Orn・Hh 　Porn ② D1+1 F- A N symmetry remark

Tot.R＝8（add 1）　Rej＝3（Ⅱ, Ⅵ, Ⅸ）　T/I＝18" 6　T/ach＝17" 5　T/ch＝20" Ⅷ・Ⅸ・Ⅹ
％＝37.5％　Tur％＝0
W：M＝5：1　F％＝87.5％　F+％＝42.9％　R+％＝50.0％　M：FM＝1：0　FC：CF+C＝0：0
M：Σ C＝1：0　D.R.＝2
A％＝37.5％　H％＝12.5％　C.R.＝9　P＝2

Hosility 0%　Anxiety 25.0%　Bodily Preoccupation 0%　Total Unpleasant Feeling 25.0%
Dependency 50.0%　Positive Feeling 25.0%　Neutral 50.0%

Constrictive 5（rejection 3 color description 1 symmetry remark 1）Defensive 6（self-critic 4 object-critic 1 additional response 1）　Fabulization 1（definiteness）　Debilitation 2（apathy in decision）Personal 1（personal belief）

場面も見受けられ，本人は単に注意しているつもりであったようだが，言い出したら後へ引かない頑固さのようなものも感じさせた。

　ここで紹介するロールシャッハは，入院してから3回目のものである。11年前に実施した時は拒否的な態度で反応が少なかったが，8年前の2回目は反応数が増え，特に人間反応が豊富に出ていた。3回目は再び生産性が低下し，意欲減退の状態である。それでも総反応数8個のなかで，P反応を2つ含み，Content Range が9というところからは，決して自閉的とはいえない。

　F+％は低いが，説明が不十分なためである。基本的な知覚の歪みは感じさせない。つまり，何故ここにそんなものが見えるのだろう？と不思議に思えるような奇妙な反応は1つもない。「わからない」「難しい」などの言葉が繰り返され（self-critic），Ⅱ，Ⅵ，Ⅸの3枚のカードでは結局反応産出には至らなかった（rejection）。また，「コウモリのような気もするけど，蝶々のような気もする」「(鉢の中の) 金魚のような気もするし，花を入れた感じもする」など決めかねて，曖昧なままになる（apathy in decision）。このように，Wさんのプロト

コルには主体性の乏しさや自己不確実感などがあらわれており，それは思考・言語カテゴリーでは Defensive Attitude, Constrictive Attitude, Associative Debilitation の組合せから特徴づけられている。健常群やパーソナリティ障害群における Fabulization Response, Arbitrary Thinking を中心とするプロトコルとはかなり様相を異にしている。

なお，Defensive Attitude カテゴリーは神経症的機制を反映しており，self-critic というかたちで現実検討力としての批判性が部分的には機能しているともいえるし，Constrictive Attitude についても，かつては易刺激性の強かった W さんがカード II などで rejection することで混乱を呈さずにすんだといえるかもしれない。

(2) 事例 Z

三十代半ばの女性。短大卒業後，2 年ほどたった頃に，盲腸で入院中の病院で不安定になり，精神科へ転院。その後，入退院を繰り返している。仕事はしていない。親戚の事故死を目撃するというショッキングな体験の直後に 3 度目の入院をした。ある程度落ち着いた段階で，父親から退院させたいとの希望あり，社会適応の可能性について心理検査依頼があった。父以外は反対しており，主治医も退院は無理と考えていた。その時のプロトコルが表 3-2 である。

反応数は多くないが，内容は poor ではない。Content Range の広さ，P 反応の多さから考えると，もともと持っていた知識の幅はそれなりに広かったと思われるし，W：M の比率から見ても知的要求水準は高いと考えられる。しかし，自己コントロールが弱く，pureC の出現，N%の顕著な低さなどから，刺激に翻弄されやすい特徴が示されている。F+%が非常に低く，自閉的思考や連想弛緩など，病理的なサインも目立つ。

能力の高さとそれに基づく健康さを一部示しながらも，一方で病理性の強い不安定さをもつという特徴は，自由反応段階で一見 popularlike な知覚を示しているようでいて，質疑段階において奇妙で逸脱した説明がなされるという落差の大きさからも感じ取ることができる。カード I のなかにこうした特徴が集約されているので，そこを中心にみていくことにする。

カード I の初発反応時間は 1″ と速く，P 反応「コウモリ」を出している。と

第 1 節　慢性統合失調症事例

表 3-2　事例 Z

カード I			
∧ 1″ ∧ ①コウモリのよう に見えます。 ②男が変装してる。マント を着て。ロボットとか機械 をいじっているように見え ます。　　　　　　　55″	①羽を広げてる。ここが手で，ここが足で す。 ②（男が変装）ここ《D1》です。（男？） カクシキばってるから。（？）この空いて いるところです《スペースを指す》。子ど も向けの TV 映画で見ました。（マント）こ こです《D3+3》。(ロボットとか機械を？) 妹の子どもがよく遊んでいます。	① W FMi+ A P N ② W Mi- H・Cg Adef・Dch overdefiniteness indifference of verbalization autistic logic personal experience	

カード II			
5″ ∧ ①パンダに見えます。 《置く》　　　　　　20″	鼻の先を合わせています。パンダは白い色 ですけど…。去年，デパートでパンダの写 真を見ました。TV でもパンダのお産をや っていました。それで思い出しました。	① D1+1 FMp + A Dch・Ps object-critic personal experience	

カード III			
5″ ∧ ①アフリカの女の人 が食事の支度をしているよ うに見えます。真ん中の赤 いのは火を使っていて，火 の粉が飛んでいます。 ②後ろの横のは火の玉です。 それだけです。　　　45″	①頭で，口で，乳で，ウエストで，手で，指 で，足のヒザで，足です。丸くなっている のが《D6》食事の支度です。薪か何か燃や しています。 ②赤が火の玉です。おばあさんの死んだ時 のことから思いました。	① D1+1+4+6B Ma・Fma・FC+ H・Fi P Hh definiteness (sex, geo) detail description ② D2+2 CFi- Myt Hh・Athr autistic logic	

カード IV			
5″ ∧ ①ライオンかトラの 敷物に見えます。 ②それから，真ん中の背骨 のとこは魚の骨です。　30″	①黒色が濃くなったり薄くなったりしてい るとこが毛です。殺して剥製にして，ここ 《D5+5》が両足で，畳か座敷の上に置いて あります。慰安旅行に行ったときに旅館で 見たことがあります。 ②今年になってから出ました。（？）おと ついの魚です《病院での食事のことらし い》。骨も食べちゃいました。《D2 と D3 の境目あたりを指して》身もちょっとつい ています。	① W FT+ Aob・Orn P Hsm・Porn personal experience ② Dd (dr) F- A・Fd Por personal experience overspecification	

カード V			
5″ ∧ ①蝶が針でうってあ るように見えます。　20″	①羽で，針です。 Add ここが牛の乳にも見えます。 Add 女のチマタにも見えます。さっき見 えたけど言わなかったです。	① W F+ A P Hsm definiteness (inanimation) (Add d3 F- Ad N) additional response (Add d3 F- Hd・Sex Bso) additional response	

カード VI			
2″ ∧ ①ネコの三味線のよ うに見えます。　　　15″	三味線の棒と弾くとこです《D7》。《D2 の 輪郭をなぞりながら》三味線を包む風呂敷 か畳です。（三味線は？）ここにあります 《D2 の突起をカットするようにブロット内 を四角く囲う》。	① W F- Mu・Mi Prec rationalization	

カード VII			
5″ ∧ ①うしろ向いて 2 匹， 子犬がじゃれているみたい です。　　　　　　　20″	お尻とお尻くっつけて《d2》，しっぽ，丸 くなってるとこです。耳です《d1》。子ブ タにも見えます。お尻が大きいから。ここ 《D2》が顔です。	① W FMp+ A Adef・Dch・Ps definiteness (age) apathy in decision	

表 3-2　事例 Z（つづき）

カードⅧ		
5″∧ ①黒い昆布が色が違ってるように見えます。灰色やオレンジや，ピンクの昆布です。 ②これ《D1》がトラに見えます。両方トラです。　47″	①四角いところ《D6》が塩昆布です。大晦日の日に年越しソバを食べました。（？塩昆布は？）○○百貨店で買った昆布です。（灰色やオレンジ…）丸くなっているのは容れ物です。 ②顔で，前足で，後ろ足は片方は見えないです。岩を登っていくところです。白いところが川です。	① WA F/C- Fd Por Association-Looseness deterioration color ② WS（Se）B FMa+ A·Nat P Pst

カードⅨ		
5″∧ ①未開地の人のお祭りの時に，火を焚いて，ヤホホしてるように見えます。　25″	（未開地の人…ヤホホホしてる）××さんがホホホと笑います。男が女をひやかすみたいな声です。△子のホホホも同じです。（未開地の人）ここから上です《D1+1》。色が3つになっています。未開地の人だからです。（火を焚いて）薪を燃やしています《D2を指す》。ここ《D3》は黒い，じゃなくて緑の煙です。お釜《DS11》をつるしてあります。（D1 が人）三角帽子の小人が笛を吹いています。（？未開地の人は）未開地の人か小人です。	① WB Ma·Fma·F/C- H·Sm·Imp Hh·Adif·Prec Association-Looseness definiteness（geo） fluid

カードⅩ		
5″∧ ①人間が死んだ時に飛び散った赤い血がこういう色になったように見えます。水色とかピンク，オレンジ，いろいろあります。 ②ここ《D3》が悪魔です。 ③緑色のが女のチマタに見えます。　60″	①おばあさんが車にはねられて死にました。おじいさんの服に血がついていました。お父さんは私の手を引っ張りました。そして…《話は続くがテスターから打ち切る》。 ②ここです。 ③さっきの《カードⅤ》で言わなかったので，ここで言いました。 [Add]犬のしっぱかオオカミのしっぱにも見えます。疲れたから足を広げてるみたいです《③の続きらしい》。 [Add]ここは男のチマタです。	① W mFa·C/F- Bl·Death Hsm personal experience deterioration color Association-Looseness ② D3 F- H/ Athr ③ D8 Mi- Hd·Sex Bso neologism [Add]D8 F- Ad N) additional response fluid [Add]Dd (dd) F- Hd · Sex Bso) additional response repetition tendency

Tot.R = 16 (add 4)　T/I = 4″3　T/ach = 3″6　T/ch = 5″0　Ⅷ・Ⅸ・Ⅹ％= 37.5％　Tur％= 0
W：M = 10：4　F％= 25.0％　F+％= 25.0％　R+％= 43.8％　M：FM = 4：5　FC：CF+C = 3：2
M：Σ C = 4：4　D.R. = 6
A％= 43.8％　H％= 31.1％　C.R. = 15　P = 5

Hosility 26.1％　Anxiety 21.7％　Bodily Preoccupation 4.3％　Total Unpleasant Feeling 52.2％
Dependency 13.0％　Positive Feeling 34.8％　Neutral 63.0％

Defensive 5（object-critic1　additional response4）　Fabulization 5（definiteness4　overdefiniteness）
Debilitation 3（apathy in decision1　fluid2）　Repetition 1（repetition tendency）
Arbitrary 2（overspecification　rationalization）　Autistic 4（autistic logic2　deterioration color2）
Personal 5（personal experience）　Verbal 2（neologism　indifference of verbalization）
Association-Looseness 3

ころが，2つめは「男が変装」という意味ありげな内容の反応である。中央 D1 を人間，周囲の D3+3 を「マント」と見る基本的知覚は不適切ではないが，何かたくらみを感じ取っているかのような，やや過剰な意味づけが加わっている（overdefiniteness）。質疑段階において，「コウモリ」については一般的な説明で終えているが，「男」に見えたのは，「カクシキ張っているから」と答え，言葉の使用が不適切（indifference for verbalization）というだけでなく，角張る（→格式張る）→男といった，音韻連合と意味連関の入り交じった奇妙な論理（autistic logic）になっている。「ロボット」についての質問に対しては「テレビ映画」「妹の子どもが遊んでいる」（personal experience）と，図版から離れていく。もともと主観的にとらえていたことを合理化できないために，ロボットから連想された個人的体験が語られたものと考えられる。その後もカードⅦまでは，Pまたはそれに準じる反応を出すものの，質疑段階でZさん独自の意味づけや連想が展開され，図版や検査とは無関係の話にまで広がっていくこと（Association-Looseness）がみられた。現実と非現実の境界は曖昧である。そして，かろうじて保たれていた共有可能な反応内容が，カードⅧ以降では一気になくなり，衝動的なものがかなり直接的に出てしまっている。

　Zさんのプロトコルにあらわれた思考・言語カテゴリーは多種多様である。Defensive Attitude，Associative Debilitation は W さんと共通しているが，Constrictive Attitude は示されず，そのかわり，Autistic Thinking，Verbal Strangeness，Association-Looseness といった病理的スコアを含むものが出現していることが注目される。

4．考　察

　以上をまとめると，慢性統合失調症者群においては，豊かな内面表出に欠け，他者との共有体験をもちにくいという特徴が示された。思考・言語カテゴリーでは，主に Constrictive Attitude，Defensive Attitude，Associative Debilitation の組合せから特徴を記述できると考えられる。Fabulization Response，Arbitrary Thinking といった想像力の展開は十分でない。多くみられる Personal Response も，反応内容を豊かにする方向には機能せず，Association-Looseness として検査場面とは無関係な個人的体験や空想を語り

出す方向性をもち，自他未分化なあり方へと進んでいくこともある。また，まとまりなく拡散していく傾向として，時に Autistic Thinking や Verbal Strangeness といった，明らかな思考障害を示すスコアが見られるが，慢性統合失調症者の場合，反応成立以前の知覚の曖昧さに加えて，心理検査という課題状況の把握の困難さがむしろ前景に出ているようである。

ただし，Fabulization Response の出現割合が他の群と比べて低いと言っても，それでもスコアの数そのものは多い。他方，Autistic Thinking や Verbal Strangeness などのスコア出現数は少ないが，これらは健常群ではまれにしか見られないスコアだという点で，たとえ1〜2個でも出現すれば注目に値する。つまり，どのくらいのスコアがみられるのが一般的といえるかという目安は，カテゴリーやスコアによって異なり，一定していないわけである。

こうした基準がないために，思考・言語カテゴリーを用いてロールシャッハ解釈を行っていく際に，あるスコアが多い，または少ないと単純には述べることができない。本カテゴリーは数量化をめざすものではないが，何らかの重みづけをしてとらえるなどの工夫が必要になるかもしれない。

また，ここで検討したロールシャッハ法は，主に寛解期に実施されているが，発症からの年数や実施時の年齢には幅があること，破瓜型が多いが妄想型も含まれており，病型による違いは考慮していないことなど，まだなお検討すべき点がある。次節では，外来治療水準にある，青年期の軽症化した統合失調症をとりあげている。慢性群との比較検討から今後の手がかりを得たいと考えている。

第2節　外来治療水準の統合失調症事例

1．青年期統合失調症の軽症化について

青年期は自己の確立をめぐる深い葛藤を抱える時期であり，その時に発症する心の問題は数多く存在する。統合失調症は，青年期に発症をみて，進行あるいは慢性化をたどるといわれてきた。近年では，古典的な分類による破瓜型，妄想型，緊張型といった類型ではとらえられない様相を呈しており，その軽症化が注目されてきている。

この統合失調症の軽症化は，いわゆる「境界例」がとりあげられるようになってきた歴史とも重なり，本質を統合失調症と考える境界例概念の試論として，外来分裂病（Zilboog）や偽神経症性分裂病（Hoch）などにさかのぼることができる。笠原・加藤（1982）の紹介によれば，1949年にHochによって示された偽神経症性分裂病の特徴としては，寡症状的ではあるが，対人関係面ではむしろ逆に多彩な特徴を示し，治療的困難さがあること，両価的態度と行動化傾向が顕著にみられることを指摘している。また同様の傾向をもつものとしてZilboog（1956）の「外来分裂病」を挙げている。結局これらの概念は統合失調症の軽症化という視点から，境界例概念の独立化へ貢献していったといえる。

　小波蔵・木村（1979）は，従来の診断では，統合失調症の破瓜型とされがちであった，離人体験を主とする自我障害とそれに関連する異常体感，能動性の低下等を特徴にもつ青年達の人格特徴を見出している。それによれば，「単一型あるいは破瓜型統合失調症者のロールシャッハ法所見の比較から，統合失調症で特徴的といえる言語表現の偏りが少なく，良好な形態を持つが内的共感性の乏しさが示されている。また，反応数は多いが情緒的開放が乏しいことから，神経症者とも異なる」と述べており，従来の統合失調症概念では把握しきれないタイプがみられるようになったことを明らかにしている。

　一方で，基本障害を統合失調症としながらその軽症化に重点を置いた研究は，笠原・金子（1981）に見出すことができる。そこで示された「外来分裂病」概念は，Zilboog（1956）の「外来分裂病」の意味するところとは様相を異にし，むしろGrinker（1973）の「Schizophrenic Pathology in Young Adults」に述べられている視点に近い。笠原らの述べる特徴は，「①自発的に通院する，②家庭での乱れた言動と対照的に診察室で整然としている，③内的体験の陳述力がある，④急性期消褪後に，無為，退行の時期を持つ，⑤家族のサポートが得られる，⑥社会適応のために現実的努力を続ける」というものである。この笠原・金子（1981）の「外来分裂病」は，当時一般的に「統合失調症の軽症化」が注目されるなかで，明確な診断基準を示したものといえる。また，このような軽症化や外来治療可能性の高まりは，向精神薬の発展，精神科医，臨床心理士，ケースワーカー等のパラメディカルスタッフの充実化と技術向上に関連しているが，もっと現代的な意味としては，「ストレス」という言葉が市民権を

得，精神の病ということが現実的にどのような人にも起こりうることとして認知され，早期発見につながっているとも考えられよう。

　その後これらの研究は，診断基準をより厳密に規定していくという発展的な流れにはなっていない。むしろ，一義的に統合失調症の軽症化をとりあげることが困難であり，個別の症状や発症の背景等による複数の類型化によって検討するものとなっている。そして，心理療法（精神療法）やさまざまな心の問題の一部分としてとりあげられる形が多いものとなっている。

　また浅井（1989）は，統合失調症の軽症型に類似するものはどのような状態を指すかという点で，単純型統合失調症，境界型統合失調症の特徴をも比較しまとめている。とくに「単純型統合失調症は，陽性症状を持たない。従って，陽性症状を持つと述べる笠原・金子（1981）と区別される」という。Blankenburg（1971）の「寡症状性分裂病」は，そこでの事例アンネが必ずしも軽症とは言い難い点を挙げ，他の研究においても，それがむしろ症状の不全型と理解されることも多いことから，寡症状型統合失調症との区別は今後の課題としている。そして"統合失調症の軽症化"は，多くの臨床実践において確認されているものの，それを体系づけるところまでは至っていなかったようである。しかしながらその治療という観点では，主として自我障害が中心で思考障害等は比較的軽微なため，対人関係能力，社会性が注目され，家庭での適応や社会復帰が問題となることで，精神療法の導入，生活療法や家族療法の応用の必要性についてもふれている（宮本・水野，1989）。

　このような統合失調症の軽症化は，心理療法を通してのかかわりが功を奏する可能性の広がりをも意味している。そして前節でとりあげた慢性統合失調症状態まで至っていない，より早期の訴えによる診断ということもあり，とくに，そこでの「見立て」に慎重な対応が要求される。5章でとりあげる広汎性発達障害と同様，誤診の危険性もあるからである。中井（1995）によると，統合失調症は「かつては，ある病的過程が自己を貫徹して，最後は荒廃状態に陥るのであって，そうならない場合は幸運な偶然によるのであるというモデルは，再発を繰り返しつつ，時にはもとの健康状態に回復しないこともあるという再発モデルに大幅に席を譲った」としている。それゆえに，再発防止のために発病過程を見直すと同時に，回復過程をも吟味して，回復を妨げる要因をできるだ

け知るようにすることが実践的に重要であると述べている。

本節では，このような視点にたち，統合失調症の問題を抱えたクライエントのうち，青年期の発症早期の段階で自我障害が中心の症状を呈し，外来での継続的対応がなされていく事例を外来治療水準の統合失調症としてとりあげ，思考・言語カテゴリーを中心とした検討を進めていきたい。

2. 対象事例

笠原らの述べる外来分裂病の特徴，つまり，①自発的な通院，②家庭での乱れた言動と対照的な診察室での整然さ，③内的体験の陳述力，④急性期消褪後しばらくの無為，退行の時期，⑤家族の協力が得られる，⑥社会適応への現実的努力，などの条件を満たした男性事例A～Fの6例（20～30歳）を対象とした。なお，学歴は大学卒1，在学中2，中退2，高卒1例であった。症状の特徴としては，離人症状・幻聴といった自我障害が中心であり，強固な妄想や無為自閉，常同行為や独語空笑などはほとんどみられなかった。さらに，病感・病識があり，洞察力，会話の疎通性がみられた。この6例にロールシャッハ法を実施し，思考・言語カテゴリーによる検討を行った。

3. 思考・言語カテゴリーから捉えた特徴

表3-3に，各事例における思考・言語カテゴリーの出現数を示した。Defensive Attitude と Fabulization Response が，6事例に共通して出現している。特に前者は apology（self-critic）や question for instruction にチェックされるものが多い。これは自己不全感，検査状況への適応に対する不安といったことが理解される。続いて，Associative Debilitation and "Labile Bewußtseinslage"，Arbitrary Thinking と Personal Response and Ego-boundary Disturbance が，6事例中4事例にみられた。

植元（1974）によれば，Autistic Thinking，Verbal Strangeness，Association-Looseness の3カテゴリーは統合失調症者に多いとされているが，今回はAutistic Thinking が2例にみられたのみであった。4章の境界性パーソナリティ障害の場合，Fabulization Response，Arbitrary Thinking が顕著であり，前述のself-criticはみられなかった。またそこでは，現実から逸脱した内的表

表 3-3 事例における思考・言語カテゴリーの出現数および反応例

事例	A	B	C	D	E	F
総反応数	13	27	40	26	19	27
思考・言語カテゴリー						
(1) Constrictive Attitude	3	0	0	0	3	0
rejection「ちょっとわかりません」(A, カードIX)	1				2	
card description「形が皆似てますね」(E, カードVI)					1	
symmetry remark「墨で作った左右対称の造形物」(A, カードI)	2					
(2) Abstraction and Card Impression	0	0	0	0	0	0
(3) Defensive Attitude	3	2	1	2	6	6
apology (self-critic)「あまり思いつかないが…」(F, カードII)	1				3	1
apology (object-critic)「ちょっと形が違うけど…」(B, カードX)		1				2
question for instruction「部分的に見てもいいですか」(E, カードI)		1	1	1	1	3
additional response（Inquiry での反応産出）	1				2	
modified response「人が物を持ち上げて→大昔の壁画で」(A, カードIII)	1			1		
(4) Obsessive and Circumstantial Response	0	0	0	0	1	1
hesitation in decision「トンボの顔，カマキリの方がいいかな」(F, カードVIII)					1	1
(5) Fabulization Response	5	1	4	3	1	6
affective elaboration「巨人，態度がでかい感じ」(D, カードIV)		1	1			
definiteness「応援団のいちばんえらい人」(F, カードIV)	4	1		1	1	6
overdefiniteness「火に集まってくる蛾」(C, カードIII)			1	1		
overelaboration「もぐら，車にひかれた後のよう」(C, カードIV)	1	2				
(6) Associative Debilitation and "Labile Bewußtseinslage"	0	4	2	1	2	0
incapacity of explanation「大陸，何となく漠然と」(B, カードII)		2				
vagueness「何か飾り物，全体像で…」(B, カードIX)		2	1		2	
loose combination「魂，人間死ねば魂が出る，後ろにある」(D, カードIII)			1	1		
(7) Repetition	0	0	0	0	0	0
(8) Arbitrary Thinking	0	3	1	1	0	2
preoccupied response attitude「やっぱり猿（前カードと同じ）」(B, カードII)		3				
arbitrary combination「湖に落ちた墨汁」(C, カードI)			1			1
figure-background fusion「白い部分が戦闘機」(F, カードII)						1
overspecification「A県のマラソン・コース」(D, カードIV)				1		

(9) Autistic Thinking	0	0	2	0	2	0
fabulized combination「胸が突起し，男根も。男女が同居」（C，カードⅢ）			1			
contamination tendency「臼なんだけど，カマキリの顔」（C，カードⅢ）			1			
blot relation「前カードで見えたがいわなかったので，ここで」（E，カードⅡ）					2	
(10) Personal Response and Ego-boundary Disturbance	1	0	1	4	0	1
personal experience「自分が行こうと思ったから」（D，カードⅤ）			1	4		1
utilization for illustration「子供の漫画に出てくるような怪獣」（A，カードⅣ）	1					
(11) Verbal Strangeness	0	0	0	0	0	0
(12) Association-Looseness	0	0	0	0	0	0
(13) Inappropriate Behavior	0	0	0	0	0	0

（各カテゴリー内のスコアについては，本節に関連したもののみを反応例とともに記した）

象が外界に投映されて，恣意的思考に基づく作話がなされ，かつ他罰的であるという傾向が指摘された。一方，本節での事例では，self-critic, question for instruction, vaguenessといったスコアによって示されるような自己不全感と自罰性があらわれている。また，self-criticや，vagueness, incapacity of explanationといった形で反応形成の不能や説明の曖昧さを呈していない場合には，Fabulization Responseの傾向が顕著に出されるとも考えられる（事例A，F）。さらに，従来のカテゴリーにはみられない水準での説明不十分さや，類似した反応を産出することで総反応数を増やそうとする試みもみられ，これらに関しては，本カテゴリーではチェックできるものではなく，さらに新たなカテゴリーの必要性もうかがわせるところである。

　このような知見を総合すると，彼らは，その思考過程の問題や現実吟味力の崩れもみられるが，慢性の統合失調症者に比べて，まわりとの「異和感」に気づいており，反応を検査者との間で共有可能なものとするべく努力する。しかし，その努力が満足のいく結果をもたらさないために，自己不全感に陥り，自罰的な弁解をすると考えられる。こうした点は，臨床的にも彼らの特徴として指摘されている病識の存在と関連している。また，まわりとの「異和感」を補

償するべく努力する姿勢は，彼らの学歴等にみられる知的資質と関係しているのかもしれない。

このように，単に病理のみを拾い上げるのではなく，それに対処していこうとする努力も含めた，被検者の全体的なあり方を把握しうる点に，思考・言語カテゴリーの特性があると考えられる。本事例については，「思考障害に対する気づき」，「その補償の努力と挫折」，「その結果としての不全感と自罰」という力動が本カテゴリーによって見出され，ここから心理療法的な接近のための手がかりを見つけることも可能であろう。

4．2 事例からとらえる臨床的適用

ここでは，本カテゴリーの心理療法における有用性に関する研究の一環として，上記の事例の中から事例Dを，さらに女性事例を事例Gとしてとりあげ，下位スコア上でみられた特徴が心理療法場面にどのように反映されているかを考察し，この接近法による事例理解や心理療法上の有用性を検討する。

(1) 事例の概要

事例D（男性）：初診時20代前半。心理療法開始時30代前半。幼少期に特記すべきことはない。大学時代より鬱状態となり，急に暴言を吐く，漠然とした不安感，不眠状態，幻聴を訴え始め，短期の入退院をする。30代になって，不眠や自室への内閉，家族との不和を訴えて，主治医からの依頼で心理療法と心理検査を実施。退院後は外来にて主治医の診察と心理療法による治療を行った。

事例G（女性）：初診時20代前半。幼児期より消極的な性格であった。学生時代に周囲の人が自分のことを何か言っているような感じ，不安と落ち着きのなさが高じて病院受診，入院となる。入院時にロールシャッハ法をはじめとして心理検査を実施，心理療法が開始された。退院後，外来にて主治医の診察と並行して心理療法を継続し，以降長年の経過を経て，治療終結となっている。

(2) ロールシャッハ法による分析及び考察

事例D，Gともに退院を控え比較的落ち着いた時期にロールシャッハ法を実

施した．表3-4，3-5に，事例Dのプロトコル（特徴のある図版を抜粋）および形式分析をまとめて示す．また，表3-6，3-7に，事例Gのプロトコル（特徴のある図版を抜粋）および形式分析をまとめて示す．さらに，表3-8には，思考・言語カテゴリーの出現スコアをまとめた．

両事例ともに，Defensive Attitude，Associative Debilitation and "Labile Bewußtseinslage と Personal Response and Ego-boundary Disturbance が出現している．そして，「統合失調症」のレベルの事例ではあるが，事例Dの affective elaboration や definiteness は，後の6章で展開する「Communicative Elaboration」に位置づけられるスコアであり，さらに「Fabulization/Arbitrary Thinking」に位置づけられるスコアとしては，overdefiniteness や overspecification，両事例に共通してみられた personal experience も，ここでの説明は了解できる範囲であり，またインクブロットからの大きな逸脱をしたものでもない．両事例ともに検査者へ自己の世界の深い理解を求め，そしてそれは了解可能なものとしての訴えであることがわかる．また現実検討能力を保持してもいる．

表3-4 事例Dのプロトコル（特徴のある図版を抜粋）

	Time	Response (position)	1＊	2	3	4	5	6
Ⅲ	13″ 1′00″	①2人人間がいる（∧） （魂，人間と一緒）	D2+2 B	Ma+	H,Hh, Rel	P	Pst	loose combination
Ⅳ	6″ 1′39″	①巨人（∧） 反対に見ていいですか？ ②クモ（∨） ③A県のマラソンコース（<）	W W d2	Mi+ F+ F-	H/ A Mi	 	Daut N Aev	affective elaboration question for instruction personal experience overspecification
Ⅷ	13″ 1′02″	①花（∧） ②オオカミ2匹（∧）	WB D1+7 B	F+ FMa+	Flo A, Death	(P) P	N HH	 overdefiniteness

＊ 1:Location, 2:Determinant, 3:Content, 4:P, 5:Affect, 6:Thinking Process and Communicating Style

第3章 統合失調症にあらわれる特徴

表3-5 事例Dの形式分析

反応内容等		反応領域		決定要因		反応内容		感情カテゴリー	
R	26	W%	65.4%	F%	80.7%	Range	13	Tot Affect%	58.3%
T/1R	11.6″	D%	30.8%	M	3	A%	46.2%	Hostility	28.6%
Tur%	38.4%	d%	3.8%	FM	1			Anxiety	21.4%
Ⅷ.Ⅸ.Ⅹ/R	26.9%			FY	1			Bodily	14.3%
								Dependency	21.4%
								Positive	14.3%
								Miscellaneous	0%
								Neutral	41.7%

その他

F+%	71.4%	W：M=17：3	FC：CF+C = 0：0
R+%	73.1%	M：FM=3：1	P = 6
		M：ΣC=3：0	

表3-6 事例Gのプロトコル（特徴のある図版を抜粋）

	Time	Response (position)	1 *	2	3	4	5	6
Ⅰ	40″ 2′17″	何を言えばいいですか？ 2枚を合わせて作ったもののように見えて… ①蝶々（∧） …羽があることと，…何となくそういう印象があるだけで，蝶じゃない ぱっとみて怖いなと… ②怪獣（∧） ③変な虫（∧）この辺が目と手のようで…	 W W D5	 F- C'F- F+	 A A/ A	 P	 N Athr Adis	question for instruction (symmetry remark) fluid card description
Ⅱ	28″ 55″	何かさっきのに似てる ぱっと見た印象から①血みたい（∧） ②脳みそ（∧）	 Dd (dr) W	 C F-	 Bl Atf		 Hha Bn	card description incapacity of explanation
Ⅹ	10″ 55″	きれい ①花火みたいに飛び散った，よく見ると怖い（∧） ②人間が向かい合っている（∧）	 D1 D5+10B	 mFa- Mp-	 Fi,Rec H		 Hh, Prec Hhad	direct affective response

* 1:Location, 2:Determinant, 3:Content, 4:P, 5:Affect, 6:Thinking Process and Communicating Style

表 3-7 事例 G の形式分析

反応内容等		反応領域		決定要因		反応内容		感情カテゴリー	
R	17	W%	35.3%	F%	52.9%	Range	7	Tot Affect%	64.7%
T/1R	17.2″	D%	52.9%	M	3	A%	41.2%	Hostility	38.4%
Tur%	0%	Dd%	11.8%	FM	0			Anxiety	30.8%
Ⅷ.Ⅸ.Ⅹ/R	29.4%			mF	3			Bodily	15.4%
				C'F	1			Dependency	0%
				C	2			Positive	15.4%
								Miscellaneous	0%
								Neutral	35.3%

その他					
F+%	33.3%	W：M=6：3		FC：CF+C=0：2	
R+%	23.5%	M：FM=3：0		P=3	
		M：ΣC=3：3			

表 3-8 事例 D および事例 G において出現した思考・言語カテゴリーのスコア

事例 D
<Defensive Attitude> question for instruction. modified response.
<Fabulization Response> affective elaboration. definiteness. overdefiniteness.
<Associative Debilitation and "Labile Bewußtseinslage"> loose combination.
<Arbitrary Thinking> overspecification.
<Personal Response and Ego-boundary Disturbance> personal experience (4).

事例 G
<Constrictive Attitude> symmetry remark (2). card description (5).
<Abstraction and Card impression> direct affective response (3).
<Defensive Attitude> apology (self-critic) (2). question for instruction.
<Obsessive and Circumstantial Response> hesitation in decision.
<Associative Debilitation and "Labile Bewußtseinslage"> incapacity of explanation (2). apathy in decision. vagueness. fluid (2).
<Personal Response and Ego-boundary Disturbance> personal experience.

＜＞は，カテゴリー名を示す。以下はカテゴリーに含まれる下位スコアである。（ ）のないものは，1回のみ出現

この二事例は，一見して同じ外来治療水準の統合失調症のクライエントであるが，事例Gが，自我の脆弱性を前景化した反応を呈しているのに対して，事例Dは反応数が多く，検査者に対して了解可能なまとまりのよい反応をあらわしているようにみられる。この点では対照的にみえる。

　事例Dは，不安が強くそれに裏打ちされたような形でのこだわり，やや恣意的で，自己の体験にもとづく反応が多くなっている。心理療法の経過においても，日常生活場面でのこだわりの強さが認められ，それによって家族も治療者も振り回される傾向があった。したがって，さまざまなこだわりの背景にある不安感を丁寧に聞いていくことが重要と考えられた。その後は，当初の急性期状態を頻繁に繰り返すことなく，症状も安定している。しかしながら，対人関係上気になることが多く，なかなか社会への復帰を果たせずにいた。彼は，知的なレベルの高さから逆に融通の利かないところがあり，独自のパターンを崩せずにいる。治療においては，そこを保護していく形をとるため，なかなか社会とのつながりをもちにくい状況があった。

　事例Gは，質疑段階において充分な説明ができず，検査者に質問されるとかえって戸惑ってしまい，自分の回答に自信がなく反応が揺れてしまったり，詳細な説明ができなくなっていた。つまり新奇場面において自己不全感が強く，認知が成立しているにもかかわらず，「何かよくわからないです」，「何かちょっと怖いです」といった不安感情となってあらわれたのである。このような外界へのかかわり方自体が，事例Gの基本的な存在様式であると考えられた。そして心理療法では，まず彼女の不安のあり方を理解し，そこに丁寧にかかわっていくことが中心課題となり，そこから現実検討能力の回復をめざしていくことになった。事例Dに比べると，形式分析でもまとまりが悪く，マイナスにスコアされる反応が多くなっており予後が心配されていた。しかし，長い経過を経て治療終結に至っている。これは内的な不安の表現可能性が，治療において取り扱っていくことができたためと考えられ，一見communicativeではないような説明不十分な反応も，こうした感情表現のあり方をスコアすることでコミュニケーション様式の理解が進み，治療に生かすことが可能となったといえよう。

　上述のように，青年期の統合失調症で，一時的には入院治療が行われるが，

その後外来にて，心理療法との併用によって治療が展開されるようなレベルの事例を検討してきた。反応形成に感情が強く付与され，不安感や内的な敵意感情がまとまりのない形で表現されるが，検査者に対して，自己の不全感，不安感を表現して治療にその改善を求めていることが理解できる。そして，この理解した視点をうまくフィードバックしていくことがよりよい治療へとつながる。つまり，彼らの治療における「見立て」の作業においては，このような細やかな視点から，心理療法への展開も含めて理解を深めていくことが必要であり，本カテゴリーはその一助となり得ると思われる。

第3節 まとめ

　本章では，長期に入退院を繰り返している慢性統合失調症と，外来治療水準の統合失調症について，それぞれ思考・言語カテゴリーから見た特徴について述べてきた。共通して特徴的と考えられるカテゴリーとして，Defensive Attitude および Associative Debilitation and "Labile Bewußtseinslage" が浮かび上がってきたのは，重要な収穫といえる。

　私たちが外来治療水準の統合失調症をとりあげたのは，共同研究の過程で時系列的に並べると，自己愛性パーソナリティ障害，境界性パーソナリティ障害，大学生を中心とする一般青年群の次に位置する対象群であり，青年期臨床群の諸相をとらえるといった文脈であった。そこでは，パーソナリティ障害や一般青年と比べて Communicative Elaboration（6章参照）がやや乏しく，自己不全感が強いという外来水準の統合失調症像がとらえられた。その後，慢性の統合失調症について検討したところ，同様の特徴に加えて，Fabulization/Arbitrary Thinking についても相対的に少ないという結果が得られた。

　この統合失調症の各事例群はともに，比較的落ち着いた時期にロールシャッハ法を実施したものである。特徴ある事例としてまとめたものを今一度見直してみる。外来治療水準の事例D，事例Gともに Defensive attitude, Associative Debilitation and "Labile Bewußtseinslage" と Personal Response and Ego-boundary Disturbance が出現している。そして，「統合失調症」のレベルの事例ではあるが，事例Dの affective elaboration や definiteness

は，「Communicative Elaboration」に位置づけられるスコアであり，さらに「Fabulization/Arbitrary Thinking」に位置づけられるスコアとしては，overdefiniteness や overspecification，事例 D, G に共通してみられた personal experience も，ここでの説明は了解できる範囲であり，またインクブロットの特徴から大きな逸脱をしたものでもない。

　慢性統合失調症者の特徴では，思考・言語カテゴリーの特徴として，Communicative Elaboration が乏しく，検査者に対してみずからの反応をわかりやすく伝えようとする意欲がみられない。また，質疑段階で反応の説明をする際，うまく伝えられない感じ，語彙の貧困さなどがあり，Fabulization/Arbitrary Thinking も少ないこと，また，知覚の曖昧さや連想過程のエネルギー維持困難さを示す Associative Debilitation の多さなどが示されていた。とくに，事例 Z では過剰な意味づけが付与され，次第に自己の世界へ没入していく様が理解でき，現実（インクブロット）からも離れていっているようである。事例 W はそうした逸脱はないが，自己不確実感が前面に出ている。このように考えていくと，やはり，慢性の事例に比べてより神経症的なあらわれ方を示しているのが，外来治療水準の事例と考えられよう。

　慢性統合失調症と外来治療水準の統合失調症は，ともにそれらの本態としての自己不確実感は共通している。しかし，インクブロットとの距離感や，創造性あるいは想像力の機能において異なっていることが，思考・言語カテゴリーを用いることによって明らかになったといえる。

　Kleiger（1999）でも，ロールシャッハ法のサインについて，"schizophrenia-spectrum disorders" として schizotypal personality, schizoaffective disorder, また paranoid vs. nonparanoid schizophrenia のそれぞれについて量的，質的に多角的な視点からまとめている。今後私たちも，非定型タイプの統合失調症やうつ病などの感情障害を抱えた事例についての検討が求められるところである。

第4章 パーソナリティ障害にあらわれる特徴

第1節 境界性パーソナリティ障害事例

1. ロールシャッハ法によるパーソナリティ障害の理解

　近年，人格構造上の病理に対する注目の高まりとともに，ロールシャッハ法によるその診断や病理に関する検討が数多く試みられている。こうした研究における一つの代表的な観点として，ロールシャッハ法上にあらわれる思考の障害への着目が挙げられる。その先駆的な研究は，Rapaportら（1945～1946）によって行われた。

　Rapaportは，ロールシャッハ法上にあらわれる思考の障害とそれに伴う特異な言語表現を，逸脱言語表現（deviant verbalization）と名づけた。そしてこの現象が，自閉的思考，つまり欲動に支配された思考（一次過程思考）によりもたらされるものであると述べている。また彼は，統合失調症のなかに前統合失調症という領域を設けてその特徴を指摘した。この前統合失調症のうち，観念過剰を特徴とする一群は，最近の研究による境界例の特徴ときわめて類似していることが指摘されている（馬場ら，1983）。さらにRapaportは，前統合失調症の特性として，構造化された検査においては現実的，客観的な思考が比較的保たれているのに対して，構造の曖昧なロールシャッハ法では，反応産出のあり方が豊富であるか収縮がみられるかといった，著しい偏りがあることに着目している。

　こうした逸脱言語表現に関する研究はその後，とくに境界例について大きく発展してきた。そして，最近は境界例を統合失調症との連続としてではなく，特定の人格障害としてとらえ，その思考過程の特徴を検討する研究がなされつつある。Exner（1978）は，境界例に関して，統合失調症のような重篤な思考障害はないが，自己の特異性に応じて現実を歪曲してとらえやすいとしている。

また，認知の障害を伴う混交反応や作話結合反応よりも，奇妙な言語表現や不釣合な結合反応が多いと指摘した。

Singer & Larson (1981) は統合失調症では注意力や認知の焦点化に問題がみられるのに対して，境界例では，推論や理由づけのような思考機能に問題を呈するという。そのために知覚は適正であるものの，奇妙で非現実的な明細化を行いやすい。また馬場ら (1983) は，ロールシャッハ法と精神療法での知見から，境界例の総合的な分析を行っている。

そのなかでは，まず Kernberg (1976) の理論を修正し，内的対象関係の分裂に加えて，二次過程の優勢な領域と一次過程の優勢な領域との分裂があることを論じている。この視点から境界例では，二次過程の領域が感情に彩られて客観性を失い，一次過程思考を呈しやすく，過剰な情緒的意味づけのある作話反応が多いと述べている。また，個々の認知は適切だが，奇妙な結合を行うことにより作話結合反応も顕著にみられるとしている。

以上 Rapaport 以来の研究をまとめると，境界例の逸脱言語表現については，その出現が統合失調症より量的に豊富であり，とくに作話結合反応が多いこと，しかし混交，混乱，自閉論理，支離滅裂などの著しい思考障害はほとんど出現しないこと（馬場ら，1983）という，共通の特徴を見出すことができる。

しかしここで，境界例に多いとされる作話反応のなかには，情緒的な明細化や内容的な限定づけなど，かなり多様な内容が含まれている。したがって，個々の事例を検討する際には，その自我障害の程度に応じて示された作話のバリエーションを理解することが必要であろう。また，それに対しては，共通の視点による客観的な理解の枠組が必要であると考える。思考・言語カテゴリーは，そのような観点からの要請に応じられる可能性がある。

本カテゴリーの独自性は，第1に，従来指摘されてきた逸脱言語表現を，13のカテゴリーに分類し，さらにこれをスコアによって詳細に区分している点にある。したがって，先の境界例の作話反応に関する問題点に対しても，従来は一括されてきたそのさまざまな内容を区別して，まとまったカテゴリーのなかのサインとしてとらえることができる。

第2に，従来の方法ではとらえることの困難であった反応態度，コミュニケーション様式までを含めた，反応にまつわる全心理過程に着目しており，広く

"ロールシャッハ状況"全体を視野に入れた言動を拾い上げるという特徴をもつ。

　第3に，本カテゴリーは，思考障害のあらわれのレベルが比較的軽いものから重いものまでを順序づけており，さまざまな病理水準における思考の特徴を把握することができる（名古屋ロールシャッハ研究会，1999）。このように，思考・言語カテゴリーは，境界例も含めた多くの対象について，その人格構造上の病理を把握する体系となる可能性をもつものと考える。

　パーソナリティ障害者は対人関係や行動上の問題を多く示し，なかでも境界性パーソナリティ障害者は投影性同一視や分裂などの未分化な防衛をもち，対人関係や情動は不安定で行動化が激しい事例が多々ある。コミュニケーションのあり方も独特のものがあり，これらの特徴を明らかにするためには思考・言語カテゴリーが非常に有用である可能性がある。そこで本研究では，本カテゴリーを用いて，境界性パーソナリティ障害者の思考過程やコミュニケーション様式の特徴を検討することを目的とする。そこでは，彼らに共通の特徴を明らかにするとともに，個別に事例を検討するなかで各事例の特性を把握し，個人間の相違についても明確化する。さらにそれらの検討を通して，本カテゴリーが境界性パーソナリティ障害の臨床的理解において，有効な指標になることを示したい。

　なお，境界例に関する理論は多数みられ，それらが規定する概念もきわめて広義の内容を含んでいる。本研究では，診断基準として信頼性・妥当性を有し，現在最も一般的に使用されているDSM-Ⅲ-Rを用い，これにより境界性パーソナリティ障害と診断された4事例をとりあげる。

2．事例について
(1) 事例H：20代前半　女性

　幼少時はものおじしない子で，本の主人公に憧れ，それになりきったりすることを好んでいた。「夜中に歩いていると，幽霊がいたので一緒に遊んで楽しかった」と作文に書いたこともあった。大学時代には身長や体重にコンプレックスをもち始めたが，アルバイトでの過労から休学し，2年で中退した。その後にイライラ感を訴えて，「あらゆるものを壊したい。何も考えられない」と言

うようになり，みずから精神科に受診して入院となる。

(2) 事例 I：20代前半　女性

　未熟児で生まれ，おとなしい子どもだった。高校時代には，絵や詩を好んで書いていた。短大に入学したが，将来の役に立つような資格がとれないことに気づいて後悔し，目標がもてなくなる。就職した後，劇団に入って役を演じることで生き生きとして「自分を平気で表現できるようになった」と語っている。23歳頃，職場で同僚のなかに入り込めないように感じ，他から取り残されたと感じる体験をし，気分が落ち込んで退職する。抑うつ的になり，自殺念慮も抱くようになって精神科に受診する。

(3) 事例 J：20代前半　女性

　幼児期は活発で，成績の良い子どもであった。高校時代に級友に太っていることをからかわれたことから，拒食と過食をくり返すようになる。63kgあった体重が，短大時代には39kgまで減少したことがあった。短大卒業後，母が急死すると，内閉的になって自室に閉じこもったりした。その後，過度の飲酒傾向，無気力，抑うつ感が高まり，何もせずにブラブラして過ごし，手首を切るなどの自殺企図を数回している。父親とのケンカから，短期間精神科に入院となった。

(4) 事例 K：20代前半　男性

　学童期から優等生であった。高校在学中より家族の病気が相次いだため，さまざまな犠牲を強いられた。その後に不眠，倦怠感から成績の落ち込みがみられ，不登校状態となって受診する。興味の対象が変化しやすく，熱中しているときには費用や時間を厭わずに夢中になるが，ふとしたことから興味がなくなり，その際には抑うつ的になりやすい。興味対象の変化が激しく，職業的にも将来の方向性が定まりにくい。自殺企図があって短期間精神科に入院をしている。

3. ロールシャッハ法の実施
(1) 形式分析の特徴

表4-1は，主なロールシャッハ指標についてのスコアである。総反応数は21～37といずれも平均以上の生産性が示されている他，知的な興味・関心の広さ，情緒的な反応性の高さなどが共通した特徴として指摘できる。現実検討力については，事例JがF+％=54.5％とやや低いが，他の3名は75～91％という結果であった。衝動統制については，事例Iにおいて衝動性が高いが，他の3名ではM=FMかM>FMで統制が保たれていた。外的な統制についても事例BがFC：CF+C=2：3でやや統制が悪いものの，あとは統制がとれているか，過剰な抑制が効いているという数値である。個々の事例における特徴は，(2)で詳しく述べる。

表4-1 4事例のロールシャッハ指標

事例 スコア	H	I	J	K
T/ach	5.2秒	12.6秒	8秒	4秒
T/c	10秒	16.2秒	13秒	5.4秒
Av.	7.6秒	14.4秒	10.5秒	4.7秒
Tot. T.	1058秒	776秒	664秒	631秒
Tot. R.	37	26	21	30
Ⅷ・Ⅸ・Ⅹ/R％	35.1％	19.2％	61.9％	26.7％
W：D：d：Dd	35：51：0：14	62：38：0：0	45：50：0：5	60：40：0：0
F％	35.1％	30.8％	52.4％	40％
F+％	76.9％	75％	54.5％	91.6％
W：M	13：13	16：3	10：5	18：4
M：FM	13：6	3：7	5：2	4：4
M：ΣC	13：4	3：4.5	5：3	4：2.5
FC：CF+C	5：1	2：3	6：0	5：0
P	4	4	5	5
A％	54.1％	73.1％	41％	43.3％
H+A：Hd+Ad	24：11	23：1	14：2	19：1
Content R.	14	13	11	9

表4-2 4事例における思考・言語カテゴリーの出現数および反応例

事例	H	I	J	K
総反応数	37	26	21	30
思考・言語カテゴリー				
(1) Contrictive Attitude	1	1	0	1
card description「模様みたい」(I, カードI)	1	1		
color description「黒というのがいい色とはいえない」(K, カードIV)				1
(2) Abstraction and Card Impression	0	0	1	0
direct affective response「これを見ると不安になる」(J, カードX)			1	
(3) Defensive Attitude	8	7	2	13
apology (object-critic)「実際にはこんな変な蝶いませんけど」(H, カードV)	3	2	1	12
question for instruction「あと何枚残ってます？」(H, カードIII)	2	1		1
additional response「よくみると○○にも見えますね」(H, カードVII)	1			
modified response「人の足, 靴下はいて→TVドラマの死体にも」(I, カードII)	1	4	1	
changed response「足って言いました？手の間違い」(H, カードIV)	1			
(4) Obsessive and Circumstantial response	2	1	0	6
exactness limitation「この薄い部分はない方がいいです」(K, カードVII)		1		2
hesitation in decision「虫みたいだけど, うーんわからない」(H, カードIII)	2			
detail description「脊椎, 骨盤, 気管, 肺から出血, 緑が大腸」(K, カードX)				4
(5) Fabulization Response	9	17	18	11
affective elaboration「不気味なおばあさんの魔女」(H, カードVIII)	1	6	3	
definiteness「どこかの国の王女様」(H, カードII)「人魚の後ろ姿」(J, カードIV)		3	4	6
affect ambivalency「悪魔が泣き笑い」(H, カードIX)「黒人がダンス, 言い争い」(J, カードIII)	2	1	2	1
content-symbol combination「尖っている部分が悪魔の象徴」(K, カードIV)				1
overdefiniteness「はりつけになったネズミ」(I, カードI)	2	5	3	
overelaboration「犬が事故でやられ飼い主に助けてと言っている」(H, カードII)	3	2	3	
overspecification tendency「ナルニア物語に出てくる魔女」(J, カードIX)	1		3	3

(6) Associative Debilitation and "Labile Bewußtseinslage"	1	3	2	0
incapacity of explanation「どこがどうっていうのはわかりません」(J, カードⅨ)	1		2	
vagueness「変なんですけど，これが○○で」(I, カードⅣ)			1	
forgotton「そんなこと言いましたか」(I, カードⅢ)			2	
(7) Repetition	2	0	0	0
repetition tendency「さっき（Ⅱ）の王女様が今度は手を下げている」(H, カードⅦ)	2			
(8) Arbitrary Thinking	3	6	4	4
arbitrary combination「得体の知れない動物に熊が粘りついてる」(I, カードⅧ)		3		1
rationalization「シミ，だらしない感じの模様だから」(I, カードⅡ)		1		
arbitrary discrimination「仔犬，片方が実体で片方は影」(H, カードⅠ)	3			
arbitrary response「形の変わる変な怪物」(I, カードⅥ)		1		
arbitrary linkage「人間の肺の両脇に架空のキリンが葉をくわえて」(K, カードⅩ)		1	2	3
overspecification「鏡の国のアリスの挿し絵」(J, カードⅦ)			2	
(9) Autistic Thinking	0	0	1	0
contamination tendency「サンタクロースにもトナカイにも，混じっている」(J, カードⅨ)			1	
(10) Personal Response and Ego-boundary Disturbance	3	0	4	1
personal experience「子供の頃図鑑で見たアカイロトビムシ」(H, カードⅦ)	3		2	1
utilization for illustration「ロートレックの絵のような女の人」(J, カードⅨ)			1	
personal belief「これは彼だと思います」(J, カードⅤ)			1	
(11) Verbal Strangeness	0	0	0	0
(12) Association-Looseness	0	0	0	0
(13) Inappropriate Behavior	1	0	0	0
「気分転換に行っていいですか？」〈退室〉(H)	1			

(各カテゴリー内のスコアについては，本節に関連したもののみを反応例とともに記した)

(2) 思考・言語カテゴリーにおける特徴

　思考・言語カテゴリーでチェックされたスコアの総数は 30 〜 36 個である。表 4-2 に各事例における出現数および主な反応例を示した。紙面の都合上，カテゴリーについては本研究に関連するもののみを示す。13 カテゴリーのうち，4 例に共通してみられたものは，Defensive Attitude, Fabulization Response, Arbitrary Thinking の 3 カテゴリーであった。これらは，頻度のうえでも高い割合（チェック総数のうち 67 〜 86％）を占めていた。

　1) Defensive Attitude は，「対人的緊張とそれにもとづく防衛的態度」「自己不全感の表現」を意味しており，病理群では神経症者に多いとされている（植元，1974：以下，各カテゴリーの心理学的意味についての説明・引用は同論文による）。スコアとしては apology（object-critic）が 4 例を通じてみられ，また 3 例に question for instruction, modified response がみられた。

　2) Fabulization Response は，「ブロットの性質を基に，反応内容の種類・性質・付属する感情などを指摘，限定づけ」するものである。想像力の豊かさを示しているが，「過度の場合にはブロットを離れて作話的に反応を修飾」するあり方までをも含んでいる。今回の対象事例において最も出現頻度が高く，スコア別にみると，4 例すべてに affect ambivalency がチェックされ，また，3 例に共通して affective elaboration, definiteness, overdefiniteness, overelaboration および overspecification tendency がみられた。後三者は，想像力の豊かさをこえた恣意的な傾向を示すものである。

　3) Arbitrary Thinking は，「思考の恣意性，あるいは過度の自由性」を意味しており，「病理として現れる際には妄想型をとりやすい」とされている。このカテゴリーのスコアでは arbitrary linkage が 3 例にみられた他は事例間に共通したものはなかった。

　4) この他，4 例中 3 例にみられたカテゴリーとして，Constrictive Attitude, Obsessive and Circumstantial Response, Associative Debilitation and "Labile Bewußtseinslage", Personal Response and Ego-boundary Disturbance が挙げられるが，前述の 3 カテゴリーに比して出現頻度は少ない。また，特定のスコアに集中する傾向もほとんどみられず，Personal Response and Ego-boundary Disturbance のスコアの 1 つである，personal experience のみが 3 例にチェッ

クされた。

 以上をまとめると，全体として想像力の豊かさ，華やかさを印象づけられるプロトコルとなっているが，神経症的防衛から精神病水準の病理まで多彩な指標が混在する，という特徴が指摘できる。

4．思考・言語カテゴリーからの考察
(1) 全体的な特徴

 4事例共通の特徴として，思考・言語カテゴリーでチェックされたスコアの総数は，かなり多いといえる。今回対象とした事例において，最も多くの割合を占めたのは，Fabulization Response である。これは，作話傾向の強さが示唆されているということであり，馬場ら（1983）その他の研究者の結果とも一致する境界例の大きな特徴である。内的表象がかなり外界に投映されやすく，想像力は活発だが，しばしば現実から逸脱して，「思い込み」の世界に入りこんでしまうといえる。このなかでは，affective elaboration など，自我コントロールが機能しているものがある一方で，overspecification tendency のように反応の質が落ちているものもある。情緒的刺激に揺り動かされ，自我と内界世界との攻防が活発に行われており，さまざまなレベルでの投映が働いていると考えられる。

 それと関連して，Arbitrary Thinking がどの事例にも認められ，前述のFabulization Response の多さと連続性をもっている。「思い込み」の強さから，恣意的な思考をし，現実吟味力が低下してしまうといえる。さらにPersonal Response が事例Ｉを除く3例にみられ，個人的な体験を語るという恣意的で自己中心性の強いあり方を示している。これは私たち（堀内ら，1991）が，自己愛性パーソナリティ障害者についてとらえた特徴と共通している。現実場面では，対人関係が不安定になったり，事実を曲解したり，自己中心的で人のいうことが素直に聞けないというような形であらわれていると考えられる。

 たとえば事例Ｊは「仰向けになって死んでるクマ，周りは雪が降ってる」〈質疑段階〉「クマは北海道なので雪」（カードⅣ）と反応している。この場合は，抑うつ的な気分や「北海道なので雪」というところに恣意的な思考様式があらわれており，基本的な知覚は崩さず，しかし現実に見えていない「雪」も取り

込んで反応とするところが特徴的である．内界にあるものが統制されずに溢れ出てきてしまい，現実を歪曲させて自分なりの内的な話を作ってしまう．このように作られた話は，きわめて個人的なものになる．

　反応に示された個人的な体験という例としては，事例 H が「気の狂った悪魔が泣き笑いしている」〈質疑段階〉「ものすごい自虐行為をした後で笑い出す人いますよね，私もそうなんです」（カード IX）などと言及し，彼女自身と反応が同一視されていることがうかがわれる．

　またスコアのなかで多いものとして，affect ambivalency がある．情緒的に positive なものも negative な内容の反応も多いのだが，相反する感情が揺れ動いているところが彼らの情緒的な不安定性をよくあらわしている．

　Fabulization Response についで頻度の高いカテゴリーは，Defensive Attitude である．この項目は「対人的緊張とそれにもとづく防衛的態度による」とされ，自己不全感と対人不安のあらわれであるが，神経症的な防衛の存在を示している．

　このなかで，どの事例にも共通してみられるのは apology（object-critic）である．たとえば事例 K が，カード II で「蛾の一種」という反応を出した後，「色は赤くない方がいいけど」と述べているのに相当する．自己不全感の責任を他に転嫁するというあり方であり，これも境界性パーソナリティ障害者の他罰的な側面をよくあらわしているといえよう．事例 J については，このスコアが一番低率になっている．彼女の F+%の低さ，Fabulization Response が他の3例に比べて多いこと，さらに Autistic Thinking が1個産出されていることを考え合わせると，病態水準としては他の3例より重いと考えられ，こうした重度の病態を示唆する項目は，数は少なくても注意が必要と考えられる．

　本研究の4事例は，「分裂＋投影または投影性同一視がほぼ全体を覆って」おり，「妄想性特性が強い」とされ，馬場ら（1983）が「結合型」と名づけたパーソナリティ障害の特徴にほぼ一致するといえる．

　以上述べてきたように，今回の結果では Fabulization Response，Arbitrary Thinking，Defensive Attitude の多さが特徴として挙げられた．これらより重い病態を示唆する項目はほとんどないことから，彼らの自我が揺れ動き，危ういながらも一定のレベルを維持しているといえる．作話傾向と恣意的な思考

が強く，神経症水準の防衛も機能しているということであり，私たちはこの3種のカテゴリーの組合せが，本章でとりあげた境界性パーソナリティ障害の特徴をあらわしていると考える。その意味では，従来のサインアプローチに加えて，この思考・言語カテゴリーにおいて，彼らの特徴がある程度把握できると考えられる。彼らの思考様式や言語表現には，通常のカテゴリーではチェックされないところでの特徴が浮かび上がってくるのである。

(2) 事例による個別的検討
1）事例H

事例Hは鏡映反応（Exner, 1978）が5個あり，「片方が実体，片方が影」（カードⅠ）(arbitrary discrimination) と左右を区別している。他にも「双子」という反応がみられ，恣意的で自己中心的な傾向と考えられる。この左右の区別は分裂の機制を示していると考えられよう。さらに彼女は質疑段階で，「ドッペルゲンガーみたい。私はドッペルゲンガーを見たことがある。疲れてうちに帰ったら流しに立ってた」（カードⅣ）(arbitrary discrimination, personal experience) と述べている。生育歴の中でも「夜中に幽霊と遊んで楽しかった」などのエピソードも特異である。このことから，無意識の解離が強くうかがわれ，自我分裂が彼女の大きな防衛であることが示唆されている。

また，カードⅠより overdefiniteness がみられ，情緒的な刺激が加わると恣意的な思考様式になることがわかる。内容的にも「狂犬っていうか，霊みたいなものが襲う人を見つけてニタッと笑っている」という反応であり，強いサディスティックな情動を含んでいる。この overdefiniteness と overelaboration は近縁なカテゴリーといえるが，カードⅠからカードⅩまで全般的にチェックされることから，このような恣意的な思考様式と被加虐的な情動に自我が汚染されている事がみてとれる。これに加えて，hesitation in decision や question for instruction など，反応をめぐる葛藤がうかがわれ，感情が揺れ動いていることが示され，実際の対人関係も不安定な人であることが推測される。

2）事例Ⅰ

彼女は，最初から「蛾」〈質疑段階〉「やっぱりこの蛾の気持ち悪さが出て

る」（カードⅠ）（affective elaboration）と反応するが，この「やっぱり」という言葉は，普段の面接中にはまったくみられなかったにもかかわらず，ロールシャッハ状況のなかで 41 回も出てきた言葉であり，反応に先立って自分の「思い込み」があり，そのように「やっぱり」見えたということを確認した言葉といえる。強い恣意的な思考と同時に，「違うかと思ったが違ってはいなかった」という意味で，自分で自分を納得させるような心理機制も働いているであろう。そして，他の 3 事例でみられた Personal Response and Ego-boundary Disturbance は出現しておらず，他の事例では合理化の基盤が自分の経験や知識に依存しているのに，事例 B では，反復する言葉で納得させているように思われる。他の 3 事例は子どもの頃優秀であったことと関係があるのかもしれない。後述するように，personal experience は自己愛性パーソナリティ障害にも頻出するスコアであり，病的な自己愛によって自分を保とうとする傾向があると考えられるが，事例 B の場合，そのような自己愛が乏しい可能性がある。

　また，「虫が火に染まって死んでいく…小鳥みたい」（カードⅢ）（overelaboration, modified response），「羽を生やした変なネズミ，暗い泥沼みたいなところからビーッと出て来る」（カードⅥ）（arbitrary combination），「カニか何かがガスかヘドロみたいなのを出してる」（カードⅨ）（arbitrary linkage）など知覚の修飾の仕方が独特で，抑うつ気分や嫌悪感を投影しており，その内容はグロテスクである。それだけこのような negative な情動が強いといえる。実際の臨床像も，かなり抑うつ感や行動抑制が強い事例であった。

3）事例 J

　事例 J では，「話題の映画のグレムリン，笑ってる」（カードⅠ）（affective elaboration, definiteness）をはじめ，「童話が好きだから，コウモリは夜と洞窟と月というイメージ，オスでかわいそう」（カードⅤ）（affective elaboration, personal belief），「イソップ童話に出てくるキツネ」（カードⅥ）（overspesification tendency），「鏡の国のアリス」（カードⅦ）（overspesification），「ナルニア物語，小学校の頃に読んだ」（カードⅨ）（overspesification, personal experience）など，やはり作話傾向が強く，カードⅠ～Ⅹまで全体を覆っている。内容としては「車内で乗客がケンカして血

が流れてる」（カードⅡ），「大きな熊が死んでいる」（カードⅣ）など，攻撃性が感じられるものもあるが，作話の題材は自分が好きな童話や映画から取っているものが多い。自己愛的で退行的な傾向が強く，幼児的なファンタジーの世界に逃避するところがあるのだろう。Personal Response and Ego-boundary Disturbance は 4 個チェックされていて一番多く，自己愛性パーソナリティ障害の事例と近縁であることが推測される。逃避的なところは，現実場面でアルコールに依存し，逃避する傾向となってあらわれていると考えられる。薬物への依存は，DSM-ⅢR の診断項目に入っている境界性パーソナリティ障害の特徴でもある。

さらに，事例 J は 4 事例の中でも Fabulization Response が 18 個チェックされ，最多となっている。この中で overelaboration は 3 個あり，これはカードにないものまで取り入れて反応を作るというスコアであり，たとえば先の「コウモリは夜と洞窟と月というイメージ」（カードⅤ）という反応では，コウモリのイメージによって「周りは夜」とされ，背景が夜になってしまうという具合である。内的世界のイメージによって外界が彩られて見えるという有様が明確にみてとれるスコアである。

4）事例 K

事例 K の場合も Fabulization Response が 11 個出されていて数が多いのだが，内容的には「人間の骨盤」がカードⅠの第一反応からみられ，全体で 7 個の解剖反応が一番目立つ特徴である。そのうち「人間の肺と気管と気管支と骨盤，肝臓，すい臓があって，その両脇にトカゲが 2 匹ついてる」（カードⅧ）（arbitrary linkage, detail description）というところで恣意的な思考様式が明確にあらわれている。生育歴のなかでは，彼の弟が 10 年来重度の身体障害を抱えており，父親も身体を悪くしていたので，彼はその世話のために精神的な疲労感が強く，「病んだ身体」への関心は必然的に高くなったと考えられる。そのため恣意的思考の方向は，多く身体に向いているのであろう。

それに加えて，apology（object-critic）が 12 個と頻出しており，「果物（本当は丸い方がいい）」（カードⅡ）などのようにカードを批判するスコアが出現し，防衛的で批判的な態度がうかがわれる。一方では Obsessive and

Circumstantial Response も6個あって，4事例のなかでは一番多く，exactness limitation や detail description のように，正確さや細かい部分にこだわるという強迫的な傾向が加わっているので，いわゆる"屁理屈"の多い人格であることがわかる。

5．まとめ

　本研究での境界性パーソナリティ障害の特徴をみると，臨床場面でロールシャッハ法を使用する対象は人格や対人関係の問題を多かれ少なかれもっている人たちであり，思考様式とコミュニケーションの取り方について理解することが重要な視点になることは明らかである。思考・言語カテゴリーは，各病態における特徴をそれらの観点からとらえることができるものといえる。境界性パーソナリティ障害の人たちは現実吟味力がさほど落ちていないといわれる病態であり，形式分析の数値上はさほど偏ってみえない部分もあるのだが，本カテゴリーは非常に彼ららしい存在様式を明らかにしてくれる。

　私たちが心理療法を行っていく場合には，言語的なかかわりのなかで表面化してきた自我防衛や対人関係の問題を分析していくことになろう。したがって自我防衛や恣意的思考のあり方，空想の世界，対人関係のもち方など，その詳細やニュアンスを知ることがその後の治療に有効になるのである。今回の4事例のなかでも，恣意的な思考様式は共通しながらも，その自我防衛戦略はそれぞれ独自であることがうかがわれた。

　このように，個別事例での比較がスコアリングによってできるところに，本カテゴリーの臨床的な有用性があると考えられる。また個別の事例検討でもみてきたように，カテゴリーのなかでは同種の病態レベルであっても，それぞれの抱えている問題や生活歴によってスコアには違いがみられ，それぞれの作話内容の構成も異なっている。つまり，個々の事例が抱えているファンタジーや内的な空想世界には相違があるといえる。さらにその相違を明らかにしようとすれば，それは通常の個別事例検討になっていくだろう。その意味では，本カテゴリーは形式分析と個別の事例分析との橋渡しを担うことになる。

　今後これをさらに発展，活用させるためには，カテゴリー自体の整理，統合も必要である。本カテゴリーは臨床的適用上，スコアリングが繁雑であり，熟

練しないと使用しづらい。また個々のカテゴリーは，どの病態においても出現するものと，1個だけでも重い病態を示唆する重要なサインである場合もあり，出現数のみでは同列に論じられない。そして，それも含めて，数量的な検討が今までなされてこなかったことなどが問題点として挙げられる。そこで課題として，さまざまな病態水準の事例に適用するなかで，カテゴリーを使用しやすくすること，個々のスコアの重みづけを勘案すること，数量的比較の可能性などの検討が肝要であると考える。

第2節　臨床的適用の実践例

1. 臨床的実践に向けて

　前節までに一般青年，統合失調症者，境界性パーソナリティ障害者などを対象として，思考・言語カテゴリーにより，従来の形式分析だけではとらえきれない特徴に迫る試みについて述べてきた。私たちはさらに多様な事例群を積み重ねて検討を加え，思考・言語カテゴリーの臨床的有用性を明らかにしたいと考えている。

　その途上にあって必要なのは，一つは対象者の幅を広げて被検者の数を増やすことであり，今一つは臨床場面での有効性を確かめることである。本カテゴリーを心理療法に生かすことがその存在意義たりうるからである。私たちは後者の観点から発表を行い（中原ら，1997，高橋ら，1998），本カテゴリーから重要な示唆が得られた。一方，前節では4名の境界性パーソナリティ障害者の検討を通して，同じ病態水準でも生活歴や個人のパーソナリティの違いによってスコアの様相には相違があることがわかった。臨床的適用を高めるためにはそれらの特徴を明らかにし，その意味についての検討が必要である。

　そこで，ここでは境界性パーソナリティ障害者の1事例をとりあげてスコアの意味について検討したい。それを詳細にみることにより，事例の特徴を生き生きと記述することが可能になると考えられる。さらに本カテゴリーによる事例理解が，心理療法を行っていくうえでも有用であることを検証するために，スコア上にみられた特徴が心理療法場面にどのように反映され，生かしていくことができるかを考察する。

2. 方　法

　本研究では DSM-Ⅳによって境界性パーソナリティ障害と診断された1事例をとりあげる。そしてロールシャッハ法を施行して名大法に基づいて分析する。そのうえで，継続して行われた心理療法過程での特徴と思考・言語カテゴリーにあらわれた特徴との照合を試みる。前節で述べたように，同じ病態水準でもスコアには違いがみられることがわかった。そこで今度はとくにスコアを中心にとりあげて分析し，心理療法への適用を考えていく。

3. 事例の概要について

事例 N 子　女性　20 代後半

　家族は祖父，母親，弟，妹であり，N 子を含めて5人である。父親は N 子が5歳の時に離婚し，彼女には記憶がほとんどない。祖父は気骨のある努力の人で，N 子は尊敬している。母親は美人で年齢よりも若く見え，N 子は母に頼ってきたが，「黙ってなさい」というのが口癖で，「肝心な時にはいない人」であったという。

　幼少時の N 子はおとなしくて，何でも人にあげてしまう子どもであった。中学時代には優秀な成績を修めるが，このころから金縛りにあうようになる。高校卒業後，専門学校に入学し，卒業後は医療関係の仕事に就く。男性と付き合い始めるが，皮膚病がひどくなり，会うのがいやになって別れるものの，症状はさらに悪化する。その後3年間勤務するが対人関係がうまくいかなくなり，抑うつ感がひどくなって情緒的にも不安定になる。霊的な力をもっている人と知り合ったのがきっかけで，一時的に幻聴が出現する。精神的に混乱し，精神科の病院に5回の入退院を繰り返す。そして20代終わりに，当時の主治医と関係が悪くなったこと，自立のために一人暮らしをしようと転居したことをきっかけに，筆者（以下 Th と略）の勤務する精神科病院に来院する。主治医より心理療法の依頼があり，週1回50分の面接を始める。そして面接3回目にロールシャッハ法を施行した。

4. 面接経過とロールシャッハ法の分析
(1) 面接経過
第1回　初めて会ったN子は中肉中背で顔色が悪く、皮膚病で皮膚が荒れていて、抑うつ的で生気のない表情をしていた。以前通った病院でもカウンセリングを受けた経験があり、来院理由を問うと饒舌に話し始める。それによると「周りに取り残されちゃう感じがする」とのことで、人に何か少し言われても気になってひどく落ち込むという。専門学校を出る時にとくにひどくなり、学生の頃から交際していた男性がいて、結婚の話も出ていたにもかかわらず、結婚すると自分のために迷惑かかると思って断ったことがあるという。

話が多岐にわたり、焦点が絞れない印象を受けたので、「あなたが解決したいことは？」と尋ねると、「たくさんありすぎる」といって話を続け、「最初は皮膚病で家にこもって結婚も断ってしまった。父が小さい時からいなかったためか、男の人はすごく恥ずかしい」と言う。生活歴なども自発的に語るが、多弁で自我の統合不全を感じさせる。Thは焦点を絞れず、カウンセリングのオリエンテーションをして面接を終了する。

第2回　20分ほど遅刻して来院するので、理由を聞くと「鍵を落として探していたので遅くなった」と答える。Thは定期的にきちんと来院しないタイプの人という印象をもつ。話を聴いていると、しだいに話題が過去の生活歴の方に移っていく。Thは治療方針をはっきりさせ、話を整理する必要があると考え、病態のアセスメントと目標の明確化のために心理検査の実施を提案する。

第3回　面接時間にロールシャッハ法を実施する。導入はスムーズである。

第4回　ロールシャッハ法の結果を伝え、「情緒的には豊かな人だが、時に感情に流されることがあり、悲観的なものの見方をしたり思い込みが強いところがあるよう」と話すと、肯定して「小学校の時に、車の転落事故で川に落ちた人はさぞかし冷たいだろうなと思ったら泣けてきた」と思い出を語る。悲観的に考えたり、思い込みが強いことについても自ら認める。自立することと男性とうまく付き合えないことも彼女の改善したい問題であるということで、これらを対人関係の問題として、カウンセリングの目的とすることを治療契約のために話し合う。

第5回　遅刻や欠席が多く、朝起きられないので、午前の面接を午後にし

てほしいという。治療構造が守れない N 子であり，遅刻すると面接の時間も短くなってしまうので，充分話せない不全感も感じる Th である。それを話題にして「時間は今のままで，頑張ってきちんと通って来ることが大切」と話すと，「なるべく遅れないようにします」と言う。

　第 6 回　　先週は来院せず，理由を問うと「全く忘れていた」と答える。その後，この間に起こった出来事に言及し，現在妻子ある男性と交際していて，それを止めようと思って電話したが，連絡が取れずにパニックになり，テレクラに電話をかけて別の男性と知り合ったという。その人に事情を話すと「相手の男性が責任をとるべきだ」と言われ，結局その男性と一晩過ごしたという。「人間不信がすごくある」とも言うので，人間不信なのになぜ初めて電話した人と一晩過ごしたのか聞くと，「逆に何でも話せちゃった。賭けでそういう人を信じてみようと思った」と答える。Th は行動化と判断し，ロールシャッハ法の結果からも枠組みを提示する必要があると考えて，「先週来院しなかったのも同じだが，問題が生じるとそこから逃避してしまうようで，そのような行動は賛成できない。そのことについて自分の内側を見つめてみる必要があると思う」と伝える。

　第 7 回　　調子が悪く，朝起きられない日が多いという。昼間何をしているのか聞くと，「覚えていない」とのこと。新たに知り合った男性と性関係をもち，「男の人はそういうことをするものかと思ったので」と言う。面接時間の変更希望もあるが，今のままでと伝えると，「甘えてしまうので今のままの方がいいか」と納得している。

　第 8 回　　彼女が「行動することに警戒したり，怖がったりしてしまう」と話すので，聞くと「小さい時からしっかりしているといわれて，仕事してた時もしっかりしてる振りをしていた」と言う。その後しだいに皮膚病や弟の話になっていってしまう。Th はそれに注意を向けようとして，「行動が怖くなるという話は？　話題が流れていってわからなくなるが」と指摘すると，「ああ，すいません。話すことがいっぱいあって，そのころの苦しいことが一杯あって，出てきちゃう。止めていただかないと。誰に言えなかったので」と返してくる。自分では統制できないようで，Th の方はどこかに焦点づけをしていかないと，N 子自身も感情を吐き出し，垂れ流すだけになってしまうという危惧を

感じる。

第 9 回　1 回面接を休み，その理由について聞いてみると「2 ヵ月ぐらい面接を断った方がいいかと思う。人との約束が守れない」とのことである。きちんと来院できないことを気にしているようなので，行動の問題について考えるのが面接の場であり，負い目に感じる必要はないことを伝える。話題がまた移っていくので，Th が「どうもまた話がそれるが」と割って入ると，「ああ，すいません。思い出すと出てきて」と応じるので，「そうなることについて考えると良い」との指摘をする。「過去の話が多くなるので，今の現実的なことがよくわからない感じ」と伝えると，「そういうことを考える時間が少ないのかもしれない」と返してくる。

　結婚に対する両価的な気持ちと，母親に頼ってきたが，肝心な時に不在だった母親に対する気持ちが交錯する彼女である。

第 10 回　N 子が早く来院しているので「今日は早く来ましたね」と Th が言うと，「ちょっと涼しくなったのと今朝早く起きたので」と答える。調子は悪くて弟とケンカしたと報告し，弟がわがままを言うので，言い合いになったとのことである。母親に「あなたが甘やかしたから弟があんなふうになった。私たちを守るために父と離婚したというけど，父の面倒がみれなくて子どもの面倒がみれるわけがない」と批判したという。その後，交際している男性ともケンカしたとのことであり，N 子のなかで怒りが問題になってきているが，Th は言語化してとりあげず，話題は過去の思い出に繋がっていく。

　次の週は調子が悪くなったとのことで来院せず，それ以後面接には来なくなってしまう。主治医の診察に何回か来院し，皮膚病治療で有名な病院に行くとのことで転院する。

(2) ロールシャッハ法による分析

　事例 N 子のロールシャッハ法の概要を表 4-3 〜表 4-6 に示す。

　反応数は 24 個と平均的，content R.=12 で知的興味や関心も適度にもっている人である。M 反応は 6 個あって，共感性や対人的関心ももっている。F+% = 71.4％で，若干現実吟味力の問題が感じられること，M：FM = 6：7 で，内的統制力が不十分であることがうかがわれる。一方，外的な統制は FC：

表 4-3　ロールシャッハ・プロトコル

Ⅰ. — 9" — ①蝶，黒い蝶か，蛾にも見えるけど，羽を広げたところ。 ②この真ん中のところカブト虫。すべて見えたものですか？ ③動物か人かわからないけど，4つしがみついてる。ちょっと怖いけど，宗教でやってるけど，自分が周りの人を支配する。 -1'40"-	①羽でここが真ん中の部分，思い出すと気持ち悪い。（蛾？）蛾は大嫌い。母は蝶が近づいてくるとすごく怖がる。 W　FMi·FC'+　A　P　Adis 　　　　　　　　　　　　　　　　affective elaboration 　　　　　　　　　　　　　　　　personal experience ③＜先に③を話す＞新興宗教みたいな支配しようという人（どこ？）最初キツネに見えた。テレビの見過ぎか動物霊か，私も独占欲が強いから自分のなかにもこんなのがあるのか。 W　Ma·(FMp)+　H·A·Rel　Dcl·Drel·Daut 　　　　　　　　　　　　　　　　apathy in decision 　　　　　　　　　　　　　　　　personal experience 　　　　　　　　　　　　　　　　overelaboration ②（カブト虫？）＜回転＞カブト虫も真ん中だと思うけど，どうしても人に見えてしまう。 ＜スコアリング不可＞ ────────────────→ denial 　　　　　　　　　　　　　　　　question for instruction
Ⅱ. — 4" — ①中国の人が両手を合わせてる。何かヒザのここがちょっと気持ち悪い。血が出てる。こちらの人の表情が笑ってる。 ②ロケットが発射して行く。 -1'35"-	①中国の人がヒザを突き合わせて。ロケットは真ん中のところで，噴射してる。（中国人？）以前，知り合いの人の薬飲んで，体質が合わなくて大変な目にあった。（血？）これが内臓に見えた。見学で病院に行ったら手術が多かった。 WB　Mp·Fmp+　H·Bl·Atf　Bf·Hha 　　　　　　　　　　　　　　　　affective elaboration/definiteness 　　　　　　　　　　　　　　　　arbitrary discrimination/personal experience 　　　　　　　　　　　　　　　　Association-Looseness ②ロケットで，噴射してる。スペースシャトルとかそういうの。 Ds5+4　Fma+　Tr·Sc　Hhat 　　　　　　　　　　　　　　　　definiteness/fablized combination
Ⅲ. — 10" — ①人が向かい合ってる。これが，ハイヒール。お尻をつきだした格好。 ②仮面ライダーみたいな。昔テレビで見た。部分的でもいいんですか？ ③これが蝶ネクタイ。 ④こうやって手を広げてる。 -1'33"-	①顔見合わせて，首ですね。高慢な感じに見えます。私のほうが綺麗なのよっていう。 D1+1B　Mp+　H·Cg　P　Pcpt 　　　　　　　　　　　　　　　　overdefiniteness ②虫の，触覚の，トンボとか，肥大した顔に見える。これが目，顔のその部分。仮面ライダーというよりトンボ。 D6　F+　Hd/　Pch 　　　　　　　　　　　　　　　　question for instruction 　　　　　　　　　　　　　　　　modified response/personal experience ③思い出したことでもいいんですか？（似てたのは？）これ結び目で，こうなってる。 D4　F+　Orn　N 　　　　　　　　　　　　　　　　question for instruction ④こう手を広げてる。（何？）虫か仮面ライダーみたいな。 D5+5+6　FMi+　Hd/　Pch 　　　　　　　　　　　　　　　　apathy in decision
Ⅳ. — 10" — ①大きな巨人みたいな，ウルトラマンの怪獣。大都市があって，踏みつぶしてる。 ②これが木の幹で，ツリーみたいな感じ。 -1'25"-	①大魔人みたいなのが踏みつぶしてるみたい（？）これが足です。これが尻尾。これが顔で，上から見下ろしてるみたい。薬飲んできたから眠たくて。 W　M'a·FV+　H/　Athr·HH·Daut 　　　　　　　　　　　　　　　　definiteness self-critic 　　　　　　　　　　　　　　　　utilization for illustration ②これ木があって，これが緑だったらわかるんですけど，木とか葉っぱ。クリスマスツリーのよう。 W　F+　Bot　Pch 　　　　　　　　　　　　　　　　object-critic
Ⅴ. — 9" — ①私蛾とか蝶とか嫌いなんですけど，蛾とか蝶に見える。小さい時から母も嫌ってた。 ②コウモリにも見えます。人の気持ちを持ったコウモリ。寂しそうに背中を向けて。 -1'32"-	①今見ても蛾には見えない。斜め向きのコウモリ。仲間に入りたいんだろうけど入り方を知らない。 W　M'+　A　Agl·Adef 　　　　　　　　　　　　　　　　overelaboration ②蛾というよりも蝶。飛んでる蝶。アゲハ蝶の黒くなったようなのがうちによく来た。 W　FMa FC'+　A　P　Adis 　　　　　　　　　　　　　　　　personal experience 　　　　　　　　　　　　　　　　affect ambivalency 　　　　　　　　　　　　　　　　overelaboration

Ⅵ. －30″－ ①反対にしてもいいんですか。アジの開きみたい。この間もスーパーでアジの開きを見たけど。 ②水族館で見た。ちょっと色が黒いから，もっと綺麗な色だったけど，エイ。 -1′20″-	①これが尻尾ですよね，ちょうど味醂干しのようなのがあったからそのイメージで。よく家で作ってもらってたから。もともと肉類は好きじゃない。魚類食べて育ちましたから。 W　F+　Fd　Por ②これ尻尾で，そのままヒラヒラって，よく水族館好きで行く。自由でいいなと。もっと広い海で泳げたらいいなと思う。 W　FMa+　A　Pch	question for instruction personal experience object-critic/overelaboration personal experience
Ⅶ. －8″－ ①中国人に見えるけど，漢方に関係してる。中国っていいイメージがないけど，中国の舞踏。 -1′20″-	①ここで切れるんですけど，2人の中国人の人が，向き合わせにして，こういうポーズを取っている。あと中国人の特有の髪形。手もこう，ここウエストで着物を着てる。 WB　Ma+　H·Cg·Rec　Prec	definiteness personal experience
Ⅷ. －10″－ ①前の病院でもやったけど，この色を見ると安心します。水彩画？葉祥明の絵が好きだった。動物が2匹いるよう。色彩画を使った絵を描きたい。 -1′30″-	①ここから気分が良くなったんですけど，これがモルモットか何か。あんまり怖くは見えない。これが足で，顔，身体があって，足をこうついて。何か見えるというよりも，ホッとした。 D1+1　FMp　FC+　A　P　Prec	direct affective response personal experience
Ⅸ. 形じゃなくてもいいですか？この線が綺麗だなって思ったし，この色を見るとホッとする。 －50″－ ①ひらべったいピンクがかった花ビンに葉っぱとお花。 ②反対に見たらチューリップが4本。小さい時おじいちゃんが作ってくれたカブの葉っぱみたい。 -1′45″-	①下が花ビンのツボ。緑があって，お花がガーベラかな。黄色いような，この色が気にいった（D12）。水色が好きで，部屋も水色に統一してる。 WA　FC+　Orn·Flo　Pnat·Porn ②ここ4つあって，これが葉っぱで（D3+3），ピーターラビットの宣伝によく出てくる。スーパーで出てるようなカブを赤くして葉っぱをつけたようなイメージ。 D2+3+3　FC+　Fd　Porn	question for instruction direct affective response personal experience changed response personal experience
Ⅹ. 前は朝鮮半島の地図って言った。今見てもそう思わない。 －57″－ ①部分的に見ると，これが貝殻。ブルーは好き。 ②トトロの何かが向かい合ってる。(何？）うちに住みついている虫みたいなかわいいのが向かい合ってる。これだけいろんな色があると綺麗。 ③カニに見えます。 ④新緑の葉っぱ，5月くらいの。 ⑤これが水着みたい。母と海外へ行こうといって，風呂場に外国の海の絵が貼ってある。もうちょっと太って水着が着たいなと思う。 -3′45″-	①綺麗な両方巻き貝。海に行って来た時も貝採ってきたけど，綺麗なものが好き。確か葉祥明さんの絵も同じような絵があった。（貝殻に？）昔お母さんが水彩でも習いに行ったらと言ったことがあったから。 D1+1　F-　A　Pnat ②よく実習でも見たんですけど，虫歯菌とかそういうものが向かい合ってる。 D3+3　FMp-　A/　Pch ③甲羅があって，足が2本出てます。 D4+4　F+　A　Adef ④ほんとに綺麗な色彩，ここが虫食い。微妙に綺麗だなっていう。 D11+11　FC-　Bot　Pnat·Agl ⑤水色のビキニ，ストラップがあって。 D10　FC+　Rec·Cg　Prec·Msex	question for instruction direct affective response personal experience/Association-Looseness direct affective response personal experience definiteness/arbitrary linkage affective ambivalency personal experience

表 4-4 形式分析のスコア

R	24	content R.	12
Tur%	8.3%	W：M	11：6
A	41.7%	M：FM	6：7
H	29.2%	Ⅷ·Ⅸ·Ⅹ／R%	33.3%
M：ΣC	2:2.5	F%	29.2%
H+A：Hd+Ad	15：2	F＋%	71.4%
FC：CF+C	5：0	R＋%	79.2%

表 4-5 感情カテゴリーの出現比率

Anxiety%	22.6%	Hostility%	12.9%
Bodily Preoccupation%	3.2%	Dependency%	16.9%
Positive Feeling%	41.9%	Miscellaneous%	3.2%
Neutral%	4.2%		

表 4-6 思考・言語カテゴリーのスコア

	カテゴリー	スコア	数
(2)	Abstraction and Card Impression	direct affective response	4
(3)	Defensive Attitude	question for instruction	6
		modified response	1
		changed response	1
		self-critic	1
		object-critic	2
(5)	Fabulization Response	affective elaboration	2
		definiteness	5
		affective ambivalency	2
		overdefiniteness	1
		overelaboration	4
(6)	Associative Debilitation and "Labile Bewußtseinslage"	apathy in decision	2
(8)	Arbitrary Thinking	arbitrary discrimination	1
		arbitrary linkage	1
(9)	Autistic Thinking	viewpoint fusion	1
		fabulized combination	1
(10)	Personal Response and Ego-boundary Disturbance	personal experience	14
		utilization for illustration	1
(12)	Association-Looseness		2

（　）の数値はカテゴリー番号

CF+C = 5：0 で，統制過剰といえる。

　感情カテゴリーでは，Neutral=4.2% と情緒的には豊かで多彩な感情が投映されており，なかでも Positive Feeling=41.9%が一番高く，とくにカラーカードに対して退行的で肯定的な感情が多く示されていることが特徴である。

　思考・言語カテゴリーからみた N 子の特徴（4 個以上のスコア）は以下の通りであり（表 4-6 参照），それについて詳しく検討を加えたい。

1）direct affective response

　反応ではなく，「この色を見ると安心します」（カードⅧ）など，カードに対する情緒的印象を述べたもので，直接的に感情が溢れてしまっており，外的な統制がうまくいってないことが示されている。形式分析では，外的統制はむしろ過剰と解釈されるが，情緒的な刺激をうまく反応に統合することができないために，形式分析での決定因からは外れてしまっている。その部分を本カテゴリーは拾い上げており，反応として形成される以前の段階での特徴がみてとれる。

2）question for instruction

　自己不全感を示すとともに，質問というかたちでテスターに対する関心を表現したり，その指示を得ようとする対人希求的なものでもあり，対人的関心の高さが伺える。N 子の場合，「形じゃなくてもいいですか？」（カードⅨ），「前のこといっていいですか？」（カードⅩ）などがみられる。「前のこと」というのはテスト状況からはずれる内容であり，彼女自身どこまで話しても良いのかわからないということでもある。枠組が N 子にとって不明瞭であり，Th に質問して依存することでそれを明確にしてもらいたいという意味がある。

3）definiteness

　「中国人の初老の人」（カードⅡ）のように，反応を限定づけするものであり，知的，情緒的な要因によって生じ，6 章でも述べているように，知性化とコミュニケーションへの意欲と考えられる。知覚をより豊かに，正確に伝える意欲を示しており，健常者にも多く出現するスコアである。しかし，あまりにも限定づけが激しいものは恣意的な思考様式に繋がっていくだろう。

4）overelaboration

　これは私たちの研究（髙橋ら，1995）で述べた境界性パーソナリティ障害者

の特徴と共通しており，反応内容が「人の気持ちをもったコウモリ。何か寂しそうに背中を向けてる」（カードⅤ）のように作話的になる。情緒的には豊かだが，恣意的な思考様式のために修飾過多になっているといえる。そしてこの作話的な物語はＮ子なりの心情が表現されており，内的な世界がよくみてとれる。

5）personal experience

Ｎ子の場合，personal experience が非常に多い。たとえば「アジの開き」（カードⅥ）の反応に続けて，「元々肉類は好きじゃない。魚類食べて育ちましたから」と，個人的な経験について語る。個人的な関係づけの形で恣意的思考が表出され，カードとの客観的な距離が失われてしまい，自己愛的な傾向が感じられる。自己愛性パーソナリティ障害者にこのスコアが多いことは後述する。また「（蛾）小さい時から母も嫌ってた」（カードⅤ）というような，このスコアでの母親に対する言及も多く，母子密着感が感じられる。

6）Association-Looseness

主語が不明確になったり，反応から離れた言辞がみられ，連想弛緩が起こっている。「中国人」（カードⅡ）の反応から，「中国っていうと共産主義」などがこれに当たる。外的情緒刺激によって統制が崩れやすく，自我境界が曖昧になる傾向がある。このスコアは病態が重いことの証左であり，2個という少ない出現数でも注目すべきである。

これらチェックされたスコアの多くは，前節で述べた境界性パーソナリティ障害者の特徴と重なっているが，加えて特徴的なのは，personal experience が多いこと，Association-Looseness がみられることの2点である。過去の経験に対するこだわりが強く，時に連想弛緩を起こして病態水準が落ち込む可能性があると考えられる。これらはＮ子の病理を理解するうえで重要な点である。

5．臨床実践との関連

(1) スコア特徴の心理面接上でのあらわれ

前記のスコア特徴は，面接では以下のようにあらわれていると考えられる。

1）感情過多，恣意的思考

　personal experience, overelaboration, direct affective response

　感情的な発言が多くみられ，N子がしゃべるのを面接者が途中で口を挟まなければ，ずっとしゃべり続ける傾向があった。その多くは過去の出来事であり，個人的な経験であった。direct affective response は，形式分析における FC などのように現実検討されたものではなく，直接的に感情が吐露されてしまうのが特徴である。これらは面接場面と類似していると考えられる。

　恣意的な思考については，男性との付き合いが苦手だとしながら，初対面の人と「賭けでその人を信じてみようと思った」と言って一緒に過ごしたりするような考え方に表れている。このことをN子に問うとみずから認めており，後述する対人的な依存性とも関連している。そして overelaboration の内容にみられるように「斜め向いてて，きっと仲間に入りたいんだろうけど，入り方を知らない蛾」（カードⅤ）などは，面接で「取り残された感じ」「一人になると寂しくてどうしようもない」など，空虚感や抑うつ感とともに語られているところと一致する。

　これらのスコアは6章で新たに提起した Fablization/Arbitrary Thinking のカテゴリーのなかに含まれるものである。

2）対人的意識の強さ，面接者への依存

　definiteness, question for instruction

　彼女は対人的意識が強く，異性への関心も高い。そして一見治療意欲や問題意識をもっている。definiteness は Communicative Elaboration（6章を参照）の1つとして，対人的意識やコミュニケーションへの意欲のあらわれと考えられる。

　question for instruction はそれが直接的にテスターに向けられたものであり，カードⅠ，Ⅲ，Ⅵ，Ⅸ，Ⅹで合計6個チェックされている。コミュニケーションへの意欲とともに，検査者－被検査者関係が前面に出てきており，情緒刺激に触発されるにつれて後半で増加していて，対人的な距離が容易に縮まりやすいことも推測される。面接中に「話題が変わってしまう」と面接者が指摘すると，「話を止めていただかないと」と述べているのは，面接者への依存が強くなる可能性を示唆している。

3) 統制の悪さと自我境界の曖昧さ
  personal experience, overelaboration, direct affective response, Association-Looseness

面接中に話が切れにくく，話しているうちに話題が変わっていって了解しづらい。また面接時間に遅れたり休むことが多い。日常生活においては異性関係がルーズになりがちであった。これらからは行動と情動統制の悪さや自我境界の曖昧さがうかがわれ，上記のスコアが意味する恣意的で個人的な情緒の色合いの強いあり方が示されているといえる。

一方，生育歴のなかでは幻聴の既往や包丁を振り回すなどの衝動的な行動も示されているが，それらは強い情緒刺激が加えられたり，状態像が悪化しているときであろうから，面接している時期にあらわれていなかったのは自然なことであろう。だが Association-Looseness は病態の重さを示しており，治療者が留意すべき点である。

(2) 思考・言語カテゴリーの有用性

このように思考・言語カテゴリーのスコアには，事例の個別の特徴が明確に示されている。自我境界の曖昧さ，衝動統制の悪さ，行動化の問題，情動と対人関係の不安定さなど，境界性パーソナリティ障害の特徴といわれている事柄と重なっていて，彼女の病理を示すとともに，治療のための重要な視点を提供するといえる。形式分析で基本的な特徴を把握したうえで，本カテゴリーの詳細な検討により，心理療法のなかで扱うべき問題を明らかにできると考えられよう。

Th は心理療法のなかで主訴が明確でない N 子に対して，検査結果を基にそれらを理解しやすく伝え，治療目標の明確化を図った。そして治療の枠組みを作り，行動化を面接のなかに取りこんでいくことに努めた。境界性パーソナリティ障害者の治療においては，心理療法中に生じてくる here and now の出来事をとりあげることが肝要であるといわれるが（牛島，1991），まさにそれがロールシャッハ法の結果に示されている。佐伯（1984）は，ロールシャッハ法と心理療法を照合し，「テスト的退行が治療的退行の様相を予見して」いると述べているが，本事例では面接のなかで即時的に予見が明らかになり，客観的な検

査所見として伝えることで，N子にも受け入れやすくなったと考えられる。しかし，心理療法は中断に終わっており，枠組や逸脱行動の方に Th の注意が向きすぎて，過去に囚われる彼女の存在（personal experience）を受容できず，Th への依存を引き受けられなかったこと，negative な感情をとりあげなかったことが原因と考えられる。

一方，definiteness や question for instruction など，知性化や対人的コミュニケーションへの意欲もうかがわれ，N子は神経症水準の防衛機制も示していた。従来，逸脱言語表現としてとりあげられていた negative な側面のみでなく，健康な部分も包括する本カテゴリーの適用によって，クライエントの positive な側面への働きかけの可能性を探ることができることも臨床的な有用性といえよう。

6. まとめ

境界性パーソナリティ障害者のロールシャッハ法について，思考・言語カテゴリーのスコアにより個別の特徴を明らかにし，心理療法のなかでのあらわれについて述べた。その結果，検査所見として客観的に伝えることができる明確な特徴が把握され，本カテゴリーは治療のための焦点を絞り，here and now で生じる事柄をとりあげるのに有効であると考えられた。しかし中断事例でもあり，スコアについての所見をどのようにとりあげていくことがより有用であるか，治療技法についての検討を今後の課題としたい。

第3節　自己愛性パーソナリティ障害事例

1. はじめに

自己愛性パーソナリティ障害とは，異常に強い自己関心，他者への共感性の欠如，誇大的な空想や行動のパターンなどを特徴とするパーソナリティ障害である。臨床場面でこうしたいわゆる「病的な自己愛」を示すクライエントに出会うことは少なくないが，自己愛性パーソナリティ障害事例のロールシャッハ反応に関する先行研究は少なく（例外として Blais, Hilsenroth, Fowler, & Conboy, 1999; Hilsenroth, Fowlerb, Padawere, & Handler, 1997; Hilsenroth,

Handler, & Blais, 1996 など），その特徴はあまり知られていない。これまでの研究からは，理想化と同時に脱価値化がみられること，境界性パーソナリティ障害と比べて「分裂」の防衛機制が顕著ではないことから，境界性パーソナリティ障害より自己愛性パーソナリティ障害の方が発達的に進歩していること，鏡映反応が多いことが示唆されている（馬場，1997）。実証研究の少なさには，自己愛をめぐる考え方に多くの矛盾と混乱があること（福島，1986）が関係していると思われる。

　自己愛性パーソナリティ障害の考え方について，福島（1986）による整理を手がかりに概観をしておく。自己愛の概念は，自分自身を性の対象とするという Freud, S. の性的倒錯に関する考察から出発している。ただし，Freud 自身によるこの概念にも変遷がみられ，自体愛から対象愛への移行段階としてとらえる時期を経て，二次的ナルシシズムという病的態度として理解する方向へと移行してきた。この考えは，対象関係論者に引き継がれて展開し，たとえば Kernberg は，自己愛人格を対人関係における異常に強い自己関心，誇大性，自己中心性，他者からの賞賛を求める傾向によって特徴づけている。Kernberg のこの記述は，DSM-Ⅲ の基準とおおよそ一致する（渡辺・佐藤・近藤，1990）。また，自己心理学の提唱者である Kohut は，自己愛の病理を誇大的な自己と理想的な親イメージの傷つきのために起こるものであると説明した。この傷つきのために，彼らは成人になってからも常に自分のなかに自分以上のものを求めたり，万能な存在を求めるというのである。これら諸理論家の提唱する考え方は，しかし，他の人格障害，とりわけ境界性パーソナリティ障害や演技性パーソナリティ障害と重なる部分も多く，その相違がどこにあり，何に起因するかについて未解決の問題も残されたままである。

　こうした概念をめぐる混乱した状況を考慮して，私たちの研究における自己愛性パーソナリティ障害事例は，特定の概念に依拠するではなく，客観的診断基準としての DSM で診断された者を対象にする。そして，思考・言語カテゴリーを用いて，彼らの思考過程やコミュニケーション様式の特徴を検討する。具体的には，自己愛性パーソナリティ障害に共通の特徴を明らかにするとともに，個別に事例を検討して個人間の相違についても明確化する。

2. 事例の概要について

DSM Ⅲ-R にもとづき自己愛性パーソナリティ障害と診断された2事例にロールシャッハ法を施行し，名大法によって分析した。各事例の概要は以下の通りである（堀内ら，1991）。

(1) 事例L：10代後半（浪人生）女性

主訴は，さまざまな身体症状と集中力および記憶力の低下であった。幼少期は好奇心が強く，成績が良かった。いつも人に受け入れられて好かれる存在でないと嫌だった。高校3年生より全身倦怠感や頭痛が始まり，やがて過食や不登校がみられた。卒業後1年目は，以前から打ち込んで来た趣味で身を立てようと大学を受験しなかった。しかし，その夢が破れて不安定になり，もうどうでもいい感じになった。卒業後2年目の今年は，とにかく大学に入ってから自分のしたいことを探そうと思い，受験勉強に打ち込んでいる。しかし，解決すべきところを押さえつけると良くないと感じて来談した。

(2) 事例M：30代女性

主訴は，不安が高まるとコントロールできないということであった。幼少時より長女なのでしっかりするようにいわれてきた。家でも学校でも良い子で，成績も良かった。短大卒業後家業を手伝い，20代半ばで結婚するが，すぐに離婚した。その後会社勤めをし，30代になってから家業を継いだが，後継者をめぐって親類との確執が続いていた。20代からいくつかの身体症状で通院していたが，1年前に得体の知れない不安でパニック状態になり，さらに不眠，不安のため仕事ができなくなったため精神科に入院となった。人前では努力して明るく振る舞うが，内心は気が小さい性格であるという。

3. 形式分析

表4-7に，2事例における主なロールシャッハ指標のスコアを示した。総反応数（Tot. R.）は事例Lが18，事例Mが15とやや少なめであった。両事例とも紋切り型の反応に陥ることなく（適度なA%），反応数に応じた内容の幅をみせていた（Content R.）。知的な興味・関心の広がりはあるといえる。また，両

表4-7 自己愛性パーソナリティ障害の2事例のロールシャッハ指標

	L	M
T/ach	11.2"	12.6"
T/c	15.4"	13.2"
Av.	13.6"	12.9"
Tot. T.	1100"	553"
Tot. R.	18	15+1
Ⅷ Ⅸ Ⅹ/R	44.4%	20%
W：D：d：Dd（%）	50：39：0：11	93：7：0：0
F%	16.7%	33.3%
F+%	100%	80%
W：M	9：3	15：2
M：FM	3：5	4：1
M：ΣC	3：1	4：2.5
FC：CF+C	2：0	1：2
P	3	5
A%	38.8%	33.3%
H+A：Hd+Ad	11：6	7：0
Content R.	12	11

事例とも要求水準や知的な野心が高いことが特徴的であった（W：Mにおける Wの優位）。

一方，これらの事例は現実検討力は保たれているものの，外的な情緒的刺激に揺さぶられやすいことが示された。具体的には，事例Lにおけるカラーカードに対する反応性の高さ（Ⅷ Ⅸ Ⅴ/R = 44.4%），事例Mにおける外的統制の低さ（FC：CF+C = 1：2）である。さらに事例Lでは，内的な衝動統制が弱い傾向も認められ（M：FM = 3：5），即時的な衝動に支配されやすいことが示唆された。こうした事例ごとの特徴は，「5．個別事例の検討」で考察する。

4. 思考・言語カテゴリーの分析

表4-8に，各事例の思考・言語カテゴリーの出現数と主な反応例を示した。思考・言語カテゴリーのスコアは，事例Lが28，事例Mが26であった。13のカテゴリーのうち，2事例に共通してみられたものは，Fabulization

第3節 自己愛性パーソナリティ障害事例　97

表4-8 2事例における思考・言語カテゴリーの出現数および反応例

	事例	L	M	合計
	総反応数	18	15	
思考・言語カテゴリー				
(1) Constrictive Attitude		0	0	0
(2) Abstraction and Card Impression		0	0	0
(3) Deffensive Attitude		0	8	8
object-critic「色が汚いですけれども，カトレア」(M,カードⅠ)			6	
additional response「見方によっては，この辺が目で，マンモスのようにも見える」(M,カードⅣ)			1	
modified response「大げさな前衛的なオペラのコスチューム。〈inquiry〉足の細い女性で，『キャバレー』(映画)に出て来るような(M,カードⅤ)			1	
(4) Obsessive and Circumstantial Response		0	0	0
(5) Fabulization Response		13	4	17
affective elaboration「大木とか悪魔が怒ってる」(L,カードⅣ)		1		
definiteness「小ちゃい人がいる，2つ。〈inquiry〉こっち向いて，髪の毛の短い人。女の子…黒人の子ども」(L,カードⅢ)		3	2	
affect ambivalency「顔。怒って笑って，見てる」(L,カードⅠ)		2		
overdefiniteness「アニメに出てくる妖怪とかお化け。空にドワァーと広がって怒ってるやつ」(L,カードⅦ)		4		
overelaboration「元気のいい子どもが向かい合って…これからにらめっこごっこを始めるような気がします」(M,カードⅦ)		3	2	
(6) Associative Debilitation and "Labile Bewußtseinslage"		4	0	4
incapacity of explanation「真ん中に穴がある。〈inquiry〉何かそんな気が」(L,カードⅡ)		1		
vagueness「何か虫が集まってる…わかんないけど，何か見てる，じっとお互い」(L,カードⅩ)		3		
(7) Repetition		0	0	0
(8) Arbitrary Thinking		0	3	3
overspecification「お寺の金堂か何かにかかっているカーテンの柄。〈inquiry〉火の玉…雲，阿弥陀仏の後ろにかけてあるような」(M,カードⅤ)			3	
(9) Autistic Thinking		5	0	5
fabulized combination tendency「真ん中に目があって，火の角で，んー，何かがのぞいてる」(L,カードⅨ)		1		
contamination tendency「三味線だから猫かなーと」(L,カードⅥ)		4		
(10) Personal Response and Ego-boundary Disturbance		8	8	16
personal experience「女の人が2人でダンスしてる。〈inquiry〉自分が(舞台に)出たからじゃないかな」(L,カードⅢ)		6	5	

98 第4章 パーソナリティ障害にあらわれる特徴

表 4-8 2事例における思考・言語カテゴリーの出現数および反応例（つづき）

utilization for illustration「よく喫茶店か何かに行くと，フランスとかニューヨークの若手の画家が描いた前衛絵画」(M, カードⅡ)	1	3	
delusional belief「顔。怒って笑って，見てる。〈inquiry〉襲われちゃう。でっかくなって，何か声が聞こえてきそう」(L, カードⅠ)	1		
(11) Verbal Strangeness	1	0	1
indifference of verbalization「コウモリか蝶々…顔が人間…〈inquiry〉輪郭がはっきりしていない」(L, カードⅤ)	1		
(12) Association-Looseness	0	2	2
irrelevant association「今とても，分析してもらってありがたいなー…というのを実感」(M, カードⅤ)		2	
(13) Inappropriate Behavior	0	0	0

Response と Personal Response and Ego-boundary Disturbance の2つであった。これらのカテゴリーの出現頻度は高く，2事例を合計した総出現数のそれぞれ31％，29％を占めていた。この他，事例Ｌのみで Associative Debilitation and "Labile Bewußtseinslage"，Autistic Thinking，Verbal Strangeness が，事例Ｍのみで Defensive Attitude, Arbitrary Thinking, Association-Looseness がみられた。以下では，2事例に共通してみられた2つのカテゴリーについてとりあげる。この他のカテゴリーについては，個別事例を検討する際に触れることにする。

(1) Fabulization Response

Fabulization Response は，反応する際に空想性を強め，ブロットの性質を基にして反応内容の種類や性質，そこに生起する感情状態などを指摘するものである。スコアは，適度な想像力の豊かさを示すものから，過度に現実から離れて作話的に反応を修飾するものまでを含む。このカテゴリーが2事例ともに高い頻度で出現したことは，馬場ら（1983）の境界例の特徴と非常によく一致する。自分が産出した反応を，そこまでしなくてよいと思われるほどに「あえていう熱心さ」（馬場ら，1983）で説明する傾向である。今回の事例では，definiteness, overdefiniteness, overelaboration のスコアが2事例に共通してチェックされた。

このうち definiteness は，私たちの研究で健常な青年群でも数多く出現し

た知性化の機制である（第２章参照）。ところが一方で，overdefiniteness と overelaboration は，過度な作話の機能を示すスコアである。たとえば次の反応は，ブロットの特徴を離れてはいないが，それを根拠としながら，人物の表情や言葉に関する作話がなされている。

　「〈∧〉人が２人で手を合わせて泣いている。黒い服を着た人。何か『悲しいねえ』って。」〈質疑段階〉「…目が下がってるし，口も何かみじめそうな口してるし〈D3内部の濃淡〉。２人で手のひら合わせちゃって，困ってるのかな，かわいそうかな。〈『悲しいねえ』というのは？〉何か２人でこんな顔して向き合って，そういうふうに言ってんのかなって。〈泣いているというのは？〉顔がやっぱりそういう顔かな。」（事例 L, カードⅡ, overdefiniteness）

　「〈∧〉わりと元気のいい子どもが向かい合って『お兄ちゃん，遊ぼうよ』って。…これからにらめっこごっこを始めるような気がします。」（事例 M, カードⅦ, overelaboration）

　このように，限定づけたり修飾すればするほど反応は特異なものになっていく。しかし，その特異な反応を，そのなかに入り込んで熱心に論証しようとする様子がうかがわれる。客観的・批判的に見る視点は弱い。一種の防衛であるが，それは分裂や否認といった，自己愛を保持する原始的なレベルにとどまっている可能性がある（馬場，1983）。この点は，今回の事例に共通する大きな特徴ではないかと考える。

(2) Personal Response and Ego-boundary Disturbance

　Personal Response and Ego-boundary Disturbance は，反応を産出する際に個人的体験を述べるものである。スコアは，個人的体験を反応の合理化のために利用するものから，自我境界が弱まり妄想的な自己関係づけを行うものまでを含む。今回の事例では，２事例ともにおいて，個人的体験をもちだして反応を合理化する personal experience, 個人的経験や知識を用いて反応を相手に

明確に理解させようとする utilization for illustration のスコアがチェックされた。これらは，必ずしも自我機能の低下を意味するスコアではないが，これだけまとまった頻度で出現することには 2 つの意味があると思われる。反応内容と合わせて考えてみたい。

第 1 に，外界を認知する際の恣意的で自己中心性の強いあり方である。

「〈Ⅴ〉かぼちゃ。〈質疑段階〉…形がよく似てたから。かぼちゃは好きな食べ物だし。」（事例 L，カードⅠ, personal experience）

「〈∧〉ガラス工芸館に行ったことあるんだけど，こんなめちゃくちゃなのはないんだけど，手作りの壺やランプに見えます。〈質疑段階〉○○湖のそばにある△△美術館。今から 200 年前のアーティストが作った，変わった植物のランプがたくさん展示してあった。…全体がきゃしゃで，ちょっと力を加えると壊れそうな感じ。私には，材質が繊細で鋭利な感じ。」（事例 M，カードⅨ, personal experience）

これらの反応では，ブロットの特徴はふまえられているものの，説明においては自分の視点が強く優先されている。自分自身の論理にこだわり，他者との間に共感的な関係性を築くことの難しい自己愛性パーソナリティ障害の特徴を反映していると思われる。

第 2 に，自己の特異性の顕示である。たとえば，反応を理想的な表象と結びつける，次のような反応がある。

「〈∧〉女の人が 2 人でダンスしてる。ヒールはいて，舞台で踊ってる。踊りの上手な女の人で，何かお客さんを楽しませる踊り。華やかで，うん，ニューヨークとかの劇場。〈質疑段階〉…自分が出たからじゃないかな。やっぱまだニューヨークとか憧れあるし。」（事例 L，カードⅢ, personal experience）

華やかさ，神々しさ，楽しさなどを熱心に誇張して示す反応は，境界例においてはよい対象関係の投映とされている（馬場，1983）。そのことによって対

象の不快な要素を否認するのである。ここでも，自分が"経験した"という形で，理想的な表象と自分を関係づけ，自我強化をはかろうとしたとみることができる。

今回の事例が示す原初的な自我防衛のあり方は境界例にも共通するが（馬場, 1983），その際「私が知っている」とか「私が見た」という修飾を多用し，自己を誇大的に強調する点は，自己愛性パーソナリティ障害に特有のものではないかと考える。

(3) まとめ

私たちの自己愛性パーソナリティ障害事例の結果からは，Fabulization Response，Personal Response and Ego-boundary Disturbance の2つのカテゴリーの多さが特徴的であることが分かった。これより重い病態を示唆するカテゴリーも出現したが，それらは事例ごとに理解される必要があると考えられた。彼らはロールシャッハ状況において，情緒的指摘に刺激されて自我が動揺し，恣意的で作話的な説明と論証の傾向を強める。一定の神経症的な防衛は機能するが，その際にも自己の視点を強く優先することでみずからを守っている。彼らの思考様式や言語表現の特徴には，傷つきやすく卑小な自己を守り，自己愛を保持しようとする様子があらわれているといえる。

5. 個別事例の検討

(1) 事例 L

この事例の特徴は，情緒的刺激にさらされると，個人的体験に基づく過剰な修飾を反応に施すことであった。とりわけ表情の指摘が多く，初発反応「顔。怒って笑って見てる」（カードⅠ）に始まり，「泣いている」（カードⅡ），「慌てている」（カードⅨ）など，表情を指摘した反応は10個にも及ぶ。表情は，人間，お化け，動物，植物のいずれにもみられた。ファンタジー映画やアニメで合理化することが多く，退行的である。同一の顔に快・不快感情が混在する場合もあった。こうした傾向は色彩カードでより顕著になり，反応数が増加するばかりでなく（Ⅷ・Ⅸ・Ⅴ/R ＝ 44.4%），「目。怖いぞー」（カードⅧ），「目。何かがのぞいている」（カードⅨ）など，「顔」ですらなく「目」だけを指摘す

る反応が目立った。また，表情に関する反応のいくつかでは，同一ブロットに2つの反応を見るなど，一時的に自我機能が大きく低下していた。たとえば，「大木とか悪魔が怒ってる。重なっちゃって見えた」（カードⅣ, contamination tendency）などである。こうした表情に関する作話的な反応の多さは，この事例の対人不安が非常に高く，それを周囲に投映する傾向が強いことを示唆する。

　一方，この事例は，女性が華やかな衣装で踊るといった反応においてのみ快感情を体験することができた。「女の人が2人でダンス。ヒールはいて。華やかで，ニューヨークとかの劇場」（カードⅢ），「女の子がダンス。〈質疑段階〉ミニスカートはいて，ウサギの耳つけて，キュートに」（カードⅦ）という2つの反応である。これらの反応では，ブロット間の統合もよくなされている。趣味に打ち込み輝いていた頃の自分を忘れられないことや，将来はこの心理療法の経験を小説として発表したいと述べるといった臨床像と合わせると，誇大的な空想が彼女の重要な防衛であることがわかる。

(2) 事例 M

　この事例でも，事例Lと同様に個人的体験に基づく過剰な修飾が多くみられたが，その作話傾向に強い恣意性が加わっていることが大きな特徴であった。外的統制が弱く（FC：CF+C＝1：2），とりわけ二色色彩カードで恣意的で断定的な叙述が目立った。具体的には，「ニューヨークの前衛絵画，意味のない前衛絵画」（カードⅡ, overspecification），「お寺の金堂にかかっているカーテンの柄。天女が舞ったり地獄で苦しんだり」（カードⅢ, overspecification）という反応である。

　また，全体を通して神経症的な防衛は働いているものの，多くは apology (object-critic) であったことから，自己中心的で外界や他者に責任転嫁する彼女のあり方が示唆される。たとえば，「ある勝手な人がイメージすると，花を抽象的に描いたような内容の花」（カードⅧ, apology (object-critic)）のような反応である。この反応に対する初発反応時間（22秒）から，色彩カードに対するショックがうかがわれる。ブロットを抽象画に仕立てることによって遠ざけ，不安を回避しているようである。しかし，さらに特徴的なことは，"そういうことをしているのは自分ではない，だれか「勝手な人」がやるのである"と

第 3 節　自己愛性パーソナリティ障害事例　103

言い切るところである。このようにして自分を守っていると考えられる。

　さらに，修飾によって反応を飾り立てて理想化する傾向もこの事例の特徴であった。たとえば次のような反応である。「舞台衣装を着た俳優の後ろ姿。〈質疑段階〉よく歌舞伎で，赤と白のこういうの（髪を振り乱す身振り）をやっている。私の出たところ（学校）に○○という画家のこういう絵があった」（カードⅣ，definiteness, overelaboration, personal experience），「大げさな前衛的なオペラのコスチューム。〈質疑段階〉『キャバレー』（映画）に出て来るような，お袖にふわーっとドレープ，頭にはバニーガールのようなのつけて，ハイヒールはいて」（カードⅤ，utilization for illustration）。彼女は，自分自身の性格を，気が小さいのに人前では明るく振る舞っていると述べていた。これらの反応は，外見を派手やかに装飾することで卑小な自己を覆い隠そうとする努力のようにみえる。

(3) まとめ

　以上のような個別事例の検討からは，自己愛の保持の仕方には事例ごとの特徴があることが示唆される。事例 L における誇大的な空想，事例 M における自分に対する批判を退ける責任転嫁や対象の理想化といった方略の違いである。これらは，それぞれの事例がどのようにして自己を守ってきたのかを反映しているものと思われる。

6. おわりに

　自己愛性パーソナリティ障害事例の結果からは，Fabulization Response と Personal Response and Ego-boundary Disturbance の 2 つのカテゴリーの多さが特徴的であることがわかった。このうち Fabulization Response は境界性パーソナリティ障害事例にも多くみられたカテゴリーであり，これら 2 種の人格障害は，作話傾向と恣意的な思考が強い点で共通することが示唆される。一方，Personal Response and Ego-boundary Disturbance は自己愛性パーソナリティ障害事例に特徴的なカテゴリーであるといってよいかもしれない。このカテゴリーは必ずしも病的な徴候を意味しないが，その具体的な反応例からは自己愛性パーソナリティ障害者の外界認知の恣意性や自己中心性の高さ，自己の

特異性の顕示といった特徴がみえてきた。彼らの病的な自己愛は，このカテゴリーにあぶり出されたといえる。

ただし，以上の結果は2事例から導き出されたものである。2事例の間にも自己愛の保持の仕方に違いがみられたことから，事例による多様性があるものと推測される。自己愛をめぐる考え方の幅広さを考慮すると，病的な自己愛をより詳細に理解するためには，本章で見出された思考・言語カテゴリーにおける特徴をふまえたうえで，個別事例のロールシャッハ反応の綿密な検討が不可欠であると考える。

第4節　2種のパーソナリティ障害から

この章ではパーソナリティ障害のなかでも境界性パーソナリティ障害と，自己愛性パーソナリティ障害にあらわれる特徴について述べてきた。本研究において思考・言語カテゴリー上での境界性パーソナリティ障害者の特徴は，Fabulization Response, Arbitrary Thinking, Defensive Attitude という3種のカテゴリーの出現頻度が高いことが挙げられた。私たちはこの3種のカテゴリーの組合せが，このタイプの境界例の特徴をあらわしていると考えている。第1節における4事例では，これより重い病態を示唆するスコアはほとんどなく，情緒的な刺激によって自我が揺さぶられつつも，一定の自我防衛レベルを維持している有様がみてとれた。ある程度自己を守りながらも，思考は恣意的であり，内界が感情的なエネルギーに満たされていて外界に溢れてしまうという存在様式を示していよう。このために彼らの対人関係は非常に不安定にならざるを得ない。

一方，自己愛性パーソナリティ障害事例の結果からは，Fabulization Response, Personal Response and Ego-boundary Disturbance の2つのカテゴリーの多さが特徴的であった。彼らはロールシャッハ状況において，作話的な説明と論証の傾向を強める。一定の神経症的な防衛は機能するが，その際にも他罰的になったり誇大的になったりする傾向がみられた。そして自分なりの見方を強調することで自己を守っている。彼らの思考様式や言語表現の背景には，傷つきやすく卑小な自己を，病的な自己愛によって保持しようとするあり方が読みとれる。

そしてこれら2種のタイプのパーソナリティ障害者において共通項は Fabulization Response であり，両者に頻出するカテゴリーになっている。作話傾向と恣意的な思考が強く，神経症水準の防衛も機能していて，想像力が豊かで合理化の力が働き，個人的な感情が容易に表出しやすいという特性は，このタイプのパーソナリティ障害者のありようをよくとらえているといえる。
　これより重い病態を示唆するカテゴリーもチェックされたが，それらは事例ごとに理解される必要があると考えられる。第2節の境界性パーソナリティ事例では Association Looseness〈loose association〉がみられ，第3節の境界性パーソナリティ障害事例と自己愛性パーソナリティ障害事例で Autistic Thinking〈contamination tendency〉が出現している。自我が揺さぶられる狭間から水準の低下した反応が出てくることは十分考えられることであり，一次過程が優位になる最たるものといえる。一時的に水準が大きく落ちるということは，治療経過のなかでも行動化や小精神病状態を呈する可能性があるので，注意が肝要であるというサインになる。
　また相違点として，境界性パーソナリティ障害では Arbitrary Thinking が多く，自己愛性パーソナリティ障害では Personal Response and Ego-boundary Disturbance の出現率が高いことが挙げられる。Fabulization は両者ともに高率でありながら，境界性パーソナリティ障害では恣意的なあり方が知覚，認知領域にまで達しており，自己愛性パーソナリティ障害ではその拠り所を自己に帰しているといえる。
　だが，前述したように，第1節では3事例に personal experience がみられ，第2節における1事例も Personal Response and Ego-boundary Disturbance の出現率が高く，自己愛性パーソナリティ障害者の特徴と類似しているといえる。元来 DSM による診断では，記述的な行動と症状による分類が主になり，内的な有り様を問題にしないので，むしろ本カテゴリーによりそれらの距離が明確になるといえよう。
　本カテゴリーですくい上げる認知・思考様式，対人関係，コミュニケーション様式などがパーソナリティ障害の病理や存在様式を明らかにして，治療的に有用な示唆を与え，彼らとかかわっていくうえで重要な視点を与えるものと考えられる。

第5章　青年期アスペルガー症候群にあらわれる特徴

第1節　アスペルガー症候群について

1. はじめに

　近年，さまざまな心の問題や問題行動について検討する際，クライエントの器質的な発達障害の有無が問われることが少なくない。児童期までは顕著な問題の発現に至らず，青年期に至って統合失調症やパーソナリティ障害などの問題と共に，対人関係の不器用さや行動上のさまざまな問題が顕在化してくる事例について注目されるようになってきた。そして，その背景にある問題も含めて多角的に診断され，治療方針についても入念な検討がなされている。また，衣笠（2004）が述べるような，臨床的にパーソナリティ障害と診断されながら，高機能の発達障害を抱えている青年たちもみられる。

　私たちは心理学的な立場から，その診断や治療方針の設定について適切な協力，支援をしていくうえで，より細部まで行き届いた見立てをしていくことが重要と考え，ロールシャッハ法の有用性を検討してきている。ここでは，その流れをふまえて，広汎性発達障害を抱えるクライエントに対して，新たな知見が明らかになったところをまとめていくこととする。

　なお，本章での研究は，国立精神・神経センター・精神保健研究所，児童・思春期精神保健部部長の神尾陽子先生，同研究員の稲田尚子先生に多大なご協力を得て継続的に行っているものである。また，第3節におけるロールシャッハ法の実施，分析においては，筆者の他に，本嶋可奈子氏（いまとうクリニック），富田真弓氏（九州大学大学院），鈴木慶子氏（不知火クリニック）の協力を得た。

2. 青年期のアスペルガー症候群

　高機能自閉症（以下 HFA）とアスペルガー症候群（以下 AS）は，相互的対人関係の障害を中心症状として種々のコミュニケーション障害と行動や思考の常同性を特徴とする正常知能の発達障害で，ともに DSM/ICD 体系の「広汎性発達障害（Pervasive Developmental Disorders: PDDs）」カテゴリーに含まれる。また，高機能広汎性発達障害（High-functioning PDD, HFPDD）は，これまでの研究により頻度の高い病態であることが見出されてきた。しかし幼児期の発達の問題が一見軽微なため，発達障害として認識されにくく未診断のケースが多い。思春期以降に情緒や行動の障害を併発し受診に至った場合でも，その独特な言語使用のせいで鑑別診断が難しく誤診のリスクが高い（神尾，2003）。したがって精神科を初めて受診する青年には，これらの障害を見落とさないように適切な心理診断が必要である。

　HFA と AS は，現行の基準では，幼児期の言語や認知の発達に遅れがあるかどうかで鑑別されるが，成長するにつれて症状だけでは両者の鑑別は困難となる（Howlin, 2003）。神尾（2000）や Macintosh & Dissnayake（2004）が，とりあげているように，現段階では両者の異同について，統一的結論を出すことは困難である。幼児期における言語の遅れの有無のみで区別された，HFA 群と AS 群を比較した Howlin（2003）の研究では，青年期以降の症状レベルに両群の差異は認められなかった。認知レベルにおいては，明確な差異の存在に否定的な研究が多く，AS は HFA より軽症であるにすぎないという指摘もあるが（Jolliffe & Baron-Cohen, 1999; Kamio & Toichi, 2006），見解の一致は得られていない。そのため最近の研究では，両者を自閉症スペクトラムとして一括りに取り扱う研究も増えているが，ここでは Kim et al（2000）と Howlin（2003）に従い，幼児期における言語の遅れの有無で両者を区別することにする。

　本章では，このように AS と HFA を鑑別し，AS のコミュニケーション特徴が，ロールシャッハ法において，どのようにあらわれるのか，そしてその知見が彼らの鑑別診断にいかにして適用されうるかについて，明らかにしていきたい。

3. アスペルガー症候群のロールシャッハ法

　ロールシャッハ法を用いた AS の研究は，近年さまざまな検討が行われてい

第1節 アスペルガー症候群について 109

るが，AS のみの特徴の抽出ということでは困難なことが多く，幅広く HFPDD のロールシャッハ反応の検討や，AS と他の障害との異同を中心に考察が行われているものが少なくない。またそうした研究の多くは量的分析による特徴を検討したものである。Dykens ら (1991) では，Thought, Language and Communication Disorder Scale とロールシャッハ法によって統合失調症等との異同を論じ，エクスナー法における Schizophrenic Index Score は，AS 者と統合失調症者ともに高い値を示していた。Ghaziuddin ら (1995) は，ロールシャッハ法による HFA との比較検討を行っており，AS 者の方がファンタジーを含んだ内的世界をもっていることを示唆した。これをふまえ，仁平 (2005) が，自閉性障害と AS との違いについて逸脱言語表現も含めた量的分析の比較を行い，同様の結果を見出しているのは興味深い。Holaday ら (2001) は，AS 者および他の情緒的，行動的な障害を抱えた少年にロールシャッハ法を実施し，さらにエクスナーの健常者の基準データと数量的比較を行っている。小笠原ら (2004) は，阪大法による形式構造解析の観点から AS 事例の分析を行い，図版から着想したものを，図版の側に位置づけ，内面でその着想を吟味するような主体的作業が行われていないことを示している。心理検査と心理的援助についても検討したものに中林ら (2003) の研究がある。AS と診断された 9 名の男児を対象として，幼児期からの継続的な療育や援助が行われた群を援助群，幼児期の療育的な介入が皆無もしくは継続的ではなかった群を非援助群とし，ロールシャッハ法および Wechsler 法の知能検査所見を比較した。その結果，とくに援助群のロールシャッハ法所見においては，逸脱言語表現が少なかった。

さらに辻井ら (1999) は，IQ によって群分けした HFPDD を対象として，ロールシャッハ法について量的分析を行い，その発展的研究として明翫ら (2005) で，HFPDD 者のロールシャッハ法と，健常大学生や統合失調症との違いについて質的検討をしている。この際用いられた施行および基本的な分析はエクスナー法（包括システム）によって行われ，さらに思考・言語カテゴリーの数量的比較を行っている。ここで思考・言語カテゴリーを用いて，統合失調症との異同について検討を行っている点は，本論と近似的である。しかし，元来思考・言語カテゴリーは，そこに含まれるカテゴリーの種類によっても重みづけ

が異なるため，数量的比較のみで結論づけることは難しい。また，植元（1974）がこのカテゴリーを考案した当時にみられた統合失調症者の特徴と，現代のそれでは異なることも視野に入れ，より詳細な検討が必要となる。

このように AS のロールシャッハ法については，いまだ統一した見解は出されていない。そして，量的分析による検討が大勢を占めている。しかしロールシャッハ法は，知覚的側面のみならず，見えたものを検査者に伝えるというコミュニケーション過程についての情報も提供する。量的分析，内容分析，継列（継起）分析に加えて，逸脱言語表現の分析が心理臨床の実践には有効であるとされてきている。本書のテーマであるロールシャッハ法における逸脱言語表現（deviant verbalization），および植元（1974）の草案による思考・言語カテゴリーについては，第 1 章をはじめ，これまで述べてきた通りである。

また，各技法に共通した基礎的な量的分析を超えた逸脱言語表現などの分析カテゴリーにチェックされることは，知覚障害や思考障害などの問題の発見に役立つものとされ，病理サインの発見に重点を置いた先行研究が発展してきた。本カテゴリーも，もともとはパーソナリティ障害などの問題を抱えた青年たちの鑑別診断において役立つことを目指すものであった。しかし私たちの一連の研究成果から，そのような流れとは逆に，その指標が communicable な視点，つまり心理療法上有効な機能の理解や健康度の理解にも役立ちうることが発見され，カテゴリーの精選に向けての研究も行ってきた（本書第 6 章に詳細をまとめている）。

これらの成果をふまえて本研究では，AS 事例に対して，彼らの問題が主として言語的コミュニケーションの独特な発達にあることに着目し，名大法による量的分析，および思考・言語カテゴリーを中心としたコミュニケーション過程についての詳細な分析を行う。その際，先述のように青年期の AS において，統合失調症やパーソナリティ障害との鑑別が問題になることから，筆者らの先行研究におけるそれらの特徴との照合をしながらまとめた後，HFA との比較を行う。とくに対人関係，コミュニケーションの詳細な問題や，主題となっている事柄（インクブロット）との距離の取り方についても検討を進めたい。さらに，AS の事例数を増やして，その男女差についても検討を加える。

第2節 AS事例とHFA事例との比較検討

1. ロールシャッハ法の導入手続き

　ここでとりあげる事例はいずれも，病院にて外来治療を継続しており，本人の治療上の有効性を考慮し，導入が適切と判断した時期にロールシャッハ法が施行された。実施時間は，対象者の精神状態を考慮して，1時間半を超えないように配慮した。実施およびフィードバック等についての説明は，主治医および実施者それぞれに行った。各事例に関する診断は，乳幼児期からの詳細な発達歴の聴取と治療過程での面接での情報にもとづき，DSM-IV-TRによって自閉性障害とASの診断を行った。ASの診断は，Howlin (2003) により，2歳までにコミュニケーションとして有用な単語表出と3歳までの2語文表出を満たすものとした。ロールシャッハ法の分析は，量的分析および思考・言語カテゴリーを用いて，反応生成および対人関係の視点から，コミュニケーション過程の総合的分析を行った。

2. 事例の概要

　私たちは，本研究を通して，ASの6名（事例P～U）とHFAの2名（事例X，Y）にロールシャッハ法を実施した。先述のように，まず男子AS事例2名と男子HFA事例2名にロールシャッハ法を実施して，その違いについて詳細に事例検討を行う。そして次の3節においてAS事例6名について，男女差についても考察を加えることとする。以下に事例P，Q，X，Yの概要を示す。

(1) AS事例P：30代男性

　主訴・生育歴・現病歴・診断の経緯　　幼児期での発達上の問題は指摘されなかった。しかし大人に言われたことに字義通りに従うよう努力する傾向が強く，間違って行動してしまわないかという不安から，周囲との違和感を抱いていた。幼稚園や学校での集団行動に困難を来したため，母親は学校に相談に行く努力を続けていた。高校在学時にうつ症状，強迫観念に悩まされた。大学入学後みずから自閉症を疑い，学内カウンセラーの紹介により病院を受診。しばしば強迫的思考によって動けなくなる。自発的に人とかかわることが難しく，

就労に困難がある。

(2) AS 事例 Q：20 代男性

主訴・生育歴・現病歴・診断の経緯　幼少時から，「変わった人」と言われていたが，小学校では友人もいた。中学在学時より家族への暴言があり，内的にも不安が増し，「人を傷つけてしまうのではないか」という強迫観念が強くなったため，自発的に病院を受診。薬物療法と面接を主とした外来治療を続け，家庭内適応が得られている。当初は，統合失調症が考えられたが，以降それを疑わせる幻覚・妄想症状はなく，型にはまった独特の語法や対人的行動などから AS の診断に至った。

(3) HFA 事例 X：20 代男性

主訴・生育歴・現病歴・診断の経緯　3 歳時に単語表出のみであったため，幼稚園時には，自閉傾向児として言語指導を受けていた。小学校は普通学級に入学し，学業成績は良好。中学・高校を通じていじめがあり，授業時間以外は級友を怖れていた。大学入学後は，細部への過度のこだわりによって時間内に課題をこなせず，修学に困難を来す。家族からの勧めで受診し，確定診断に至った。

(4) HFA 事例 Y：20 代男性

主訴・生育歴・現病歴・診断の経緯　2 歳前にママ，パパなどの単語を，3 歳前には反響的に 2 語文を話したが，コミュニケーションに用いるのではなかった。視線が合いにくく，記憶力が抜群な変わった子どもとみられていた。小学校では成績は良好だが友人はおらず，いじめられることが多かった。中学時より他者への関心が強くなり，それがトラブルにつながることがあり，受診に至った。

　先述のように，AS 事例は，統合失調症やパーソナリティ障害との鑑別診断も問題になるため，まずは，AS の分析結果を述べる際にも，これらの障害との比較を含めて述べていくこととする。そのうえで，HFA 事例との比較を行い，併せて AS 事例の特徴を把握していきたい。

3. AS事例に関する分析結果
(1) 事例P
　形式分析　　表5-1, 5-2に事例Pのプロトコルの抜粋および形式分析の概要を示す。総反応数27, 平均初発反応時間は11.3″と, 適度な産出量や迅速な反応がみられ, また, 形態水準の良好な結合反応などの産出などや, 発達歴, 現病歴から, 認知能力や判断力などの知的能力には問題ない。しかし総反応数に比べてContent Rangeがやや少なく, 知的な興味の限局性が感じられる。反応についての説明も「直感的です」と答えるにとどまり, カードの特質をとらえずに前反応を保続的に繰り返すために, 説明不十分となっている。これがF+%=9.1%, R+%=33.3%という数値に反映されており, 現実的な知的能力から推測するとかなり低い値である。またM：ΣC=3：4から, 外向的である。さらに感情カテゴリーの豊かさや, Positive Feelingが全くチェックされないことも特徴的であった。

　思考・言語カテゴリーからとらえたコミュニケーション特徴　　独特のパターン化した言い回しが特徴的である（automatic phraseやperseveration）。また, 同時に1つの反応か2つの反応かの判別が難しい反応（indifferentiation of responses）や説明不十分（apathy in decisionやincapacity of explanation）に多くチェックされる。この表現や連想過程の問題は統合失調症の慢性型との相違を特定することが必要になる。統合失調症の慢性型に関する私たちの先行研究結果と比較すると, 事例Pは, 人間を全体として適切にとらえようとする動きや, 色彩カードによる情緒の変化, 外的な環境によって揺さぶられる。反対に統合失調症者においては, Pに多くチェックされたautomatic phraseやperseverationはチェックされない。さらにより軽症の外来統合失調症患者には, definitenessやaffective elaborationといった作話的反応や自己弁明的なapology等にチェックされることが多いのに対して, 本事例にチェックされたfabulized combinationやcontaminationがあらわれることは少ない。

　事例Pのautomatic phraseにチェックされる常同的な表現の例として「第一感としては2つあります」という言い回しが挙げられる。最初に見えた数を伝えて説明するという特異な様式である。つまり事例Pは, 図版に対して同時に並列的に反応生成し, さらにそれを言語化し, いくつあるかを瞬時に明確に

第5章 青年期アスペルガー症候群にあらわれる特徴

表 5-1 事例 P のプロトコル（特徴のある図版を抜粋）

	Time	Response (position)	1 *	2	3	4	5	6
I	10″ 1′10″	何に見えるかということですか？ ①蝶が羽を広げている。それだけ (∧) (もうちょっとどうですか) 一部羽が 破れている。丁度口の部分が見えて いる。	Ws (Se)	FMi+	A	P	Agl	question for instruction indifferentiation of responses
IV	14″ 1′11″	第一感は2つあって ①1つは蝶 (∧) ②中心は, 骨格, 背骨 (∧) ③とにかく真ん中は, 木 (∧)	W W W	FMi- F- FV+	A H, (Sc), Atb Bot		N Bb N	automatic phrase ① perseveration ① utilization for illustration
V	10″ 1′12″	第一感は, ①蝶か蛾 (∧) ②ナメクジの触覚 (∧) ③ナメクジ, 葉 (∧) 〈②反応と同一か別かの判別がつきに くい, 確認の上一つにまとめておく〉	W d3 (WB)	FMi+ F- F-	A Ad A, Bot	P	N Mi Mi	(automatic phrase ①) (perseveration ①) apathy in decision indifferentiation of responses arbitrary combination)
X	9″ 3′15″	直感では, キャンバスに①絵の具 (∧) ②上の方に細い木, 2匹の小動物 (∧) ②真ん中は神経細胞 (∧) ③下の中央真下の線は, 虫の口先 (∧) ⑤両側は, 人が向き合っている (∧) ⑥左右の青, クモのような怪獣が向き 合っている, 馬にも見える。上は葉。 (∧)	W D2B D7 d2 D5+5B D1+11B	C, m FMp+ CF- F- Mp+ FMp-	Art A, Imp Atf, Sc Ad H A/, Bot		Aev Dcl Bn N N Athr	card description personal experience fabulized combination apathy in decision

* 1:Location, 2:Determinant, 3:Content, 4:P, 5:Affect, 6:Thinking Process and Communicating Style

表 5-2 事例 P の形式分析

反応内容等		反応領域		決定要因		反応内容		感情カテゴリー	
R	27	W%	40.7%	F%	40.7%	Range	9	Neutral	33.3%
T/1R	11.3″	D%	44.4%	M	3	A%	44.4%	Tot Affect%	66.7%
Tur%	0%	Dd%	7.4%	FM	7			Hostility	9.5%
Ⅷ・Ⅸ・Ⅹ/R	44.4%	d%	7.4%	mF	1			Anxiety	38.1%
				FV	1			Bodily	33.3%
				CF	1			Dependency	4.8%
				C	2			Positive	0%
				F+%	9.1%			Miscellaneous	14.3%
				R+%	33.3%				

その他

W：M = 11：3
M：FM= 3：7
M：ΣC= 3：4
FC：CF+C =0：3
P = 2

伝えるという特徴があるといえる。

(2) 事例 Q

形式分析　表 5-3, 5-4 に事例 Q のプロトコルの抜粋および形式分析の概要を示す。総反応数 34, 平均初発反応時間は 12.9″, まとまりの良い結合反応の産出などと本人の発達歴から, 認知, 反応レベルの知的な問題はない。しかし動物反応の割合が高く (64.7%), 総反応数に比べて Content Range=10 という値から, 事例 P 同様に知的興味関心の狭さ, 思考のステレオタイプが理解できる。W：M=16：2 と, W 優位傾向が認められる。これは, 意欲の高さ, 要求水準の高さにつながるが, 反応領域としては同時に D%が 50%と, 平均的な数値となっている。むしろ, 小部分領域や異常部分領域 (Dd 反応) が少ないことが特徴的であろう。そして, たとえばカード Ⅰ, Ⅳ, Ⅴ, Ⅵ, Ⅸでは, すべての反応が W であり, 逆に Ⅲ, Ⅹでは, D のみとなっている。1 つのブロットに対しては, 決まった見方で見ていく方略がとられている。また, カード Ⅰ 〜 Ⅶまでの反応の 70%が形態水準において + の反応となっているが, 色彩カードである Ⅷ 〜 Ⅹにおいては, わずか 18%に落ち込み, 総合すると F+%=59.1%, R+%=58.8%となっていることから, 外的刺激に対して揺さぶられる傾向を示している。これは, M：ΣC=2：4 からも裏づけられ, 同時に FC：CF+C = 0：3 であり, 事例 Q は環境, 外界から刺激を受けやすく, 外的な衝動性の高さもうかがえる。また, 動物反応が多く, A%が高い値となっているが, M：FM=2：6 と FM も M に比べるとかなり多い数値となっている。内的な統制においても, 衝動的な傾向があるといえよう。感情カテゴリーで, 強迫的な不安を示す Aobs（obsessive and projective percepts：Anxiety のド位カテゴリー）が, 顕著であった。顔や目の反応が多く, 見られることの対人不安を示し, 強迫的な一面を示していると思われる。

思考・言語カテゴリーからとらえたコミュニケーション特徴　事例 Q は, 説明の明細化と恣意的表現が特徴的で, 昆虫などの詳細な専門的説明もなされる。珍しい昆虫などが出てくるが, その明細化は必ずしも反応形成に必要とはいえない。Arbitrary Thinking のカテゴリーに属する overspecification の頻発がそれにあたる。反応を説明するために自分自身の知りうる限りの特徴を話

表5-3 事例Qのプロトコル（特徴のある図版を抜粋）

	Time	Response (position)	1 *	2	3	4	5	6
I	8"	これは3つくらいあります →			（あらかじめ知覚した反応数を宣言）			
		まず①コウモリみたい（∧）	W	FC'+	A	P	N	
		それと②オオカミの顔にも見えて（∧）	WS (Se)	F+	Ad		N	definiteness (position)
	57"							object critic
		③蛾の大きいのに似てます（∧）	W	FMi+	A		Adef	definiteness (size)
IV	16"	①でっかい扉（∧）に見える	W	F-	Arch		Mi	overdefiniteness
		②動物の目（∧）	W	FMa+	A		Mi	delusional belief
	55"	③でっかい人間（∧）	D2+3+3	Mi+	H, Cg		Daut	definiteness (size)
V	8"	①蛾（∧）<○○蛾，図鑑見るの好きなんです>	W	F+	A	P	N	overspecification
								personal experience
		②触角のついたハヤブサ（∧）	W	F+	A		N	
		③鳥か空飛ぶ虫（∧）	W	FMa-	A/		Afant	fabulized combination
	1'05"	全部左右対称ですね →						symmetry remark
X	30"	①悪魔の顔（∨）	DS15 (Se)	F-	Hd/		Hh,Aobs	
		上の2つが②オオカミの骸骨（∨）	D1+1	F-	Ad,Atb		Hh,Bb	arbitrary response
							Afant	modified response
		こちらの2つが③ネズミの骸骨（∧）	D2+2	F-	A,Atb,Imp		Bb	modified response
		④人に大きな翼がはえた感じ（∨）	D8	Ma-	H/, (Imp)		Mi	definiteness (size)
		これも甲虫類の⑤黄金虫（∨）	D4	F+	A'		N	arbitrary belief
		⑥人間の肺（∨）	D5+5	F-	Atf		Bf	personal experience
	2'40"	⑦腰の辺の骨（∨）	D2	F-	Atb		Bb	

* 1:Location, 2:Determinant, 3:Content, 4:P, 5:Affect, 6:Thinking Process and Communicating Style.

表5-4 事例Qの形式分析

反応内容等		反応領域		決定要因		反応内容		感情カテゴリー	
R	34	W%	47.1%	F%	64.7%	Range	10	Neutral	29.4%
T/1R	12.9″	D%	50.0%	M	2	A%	64.7%	Tot Affect%	70.6%
Tur%	32.4%	Dd%	2.9%	FM	6			Hostility	25.8%
Ⅷ・Ⅸ・Ⅹ/R	32.4%	d%	0%	mF	1			Anxiety	32.3%
				FV	1			Bodily	16.1%
				CF	1			Dependency	3.2%
				C	2			Positive	9.7%
				FC'	1			Miscellaneous	12.9%
				F+%	59.1%				
				R+%	58.8%				

その他

W：M ＝ 16：2
M：FM＝ 2：6
M：ΣC＝ 2：4
FC：CF+C ＝0：3
P ＝ 3

し、反応を限定する表現は、自己愛性パーソナリティ障害などにもみられるが、事例Qの発言は執拗なものではない。検査者との知識の張り合いをしているというのではなく、むしろ抽象化能力の困難さに由来すると考えられ、「とにかく似ているんです」と、知識があることだけは認めて欲しいという欲求が感じられる。またPと同様に、「これは3つぐらいあります」と最初に知覚した反応数を宣言する。カードを見て瞬時にその反応数を察知し、それを伝えるプロセスは、他の障害では考えにくい。また、認知的な歪みや思考障害はみられない。Qは、Fabulization (definiteness) を頻発する。「蛾」「扉」などのサイズにこだわる。自己愛性パーソナリティ障害や健常者にも definiteness にチェックされる限定づけは多くなされるが、その場合、大きさにこだわらず、反応の性別や地域、見える向き等と多彩である。Qは、大きさに対するこだわりがみられ、要求水準の高さと同時に誇大化した考えが窺える。また反応の産出の際に躊躇したり、用心深く修正したりする言動 (Defensive Attitude) も特徴的である。

4. HFA事例に関する分析結果
(1) 事例Xの検査状況および分析結果

　表5-5に事例Xのプロトコルの抜粋を示す。総反応数は64と多く、平均初発反応時間は25.2"。初発反応時間はカードによって大きく異なり、おおむね8"～12"程度で反応できているのに対して、カードⅠ、Ⅴ、Ⅶが37"程度、カードⅥは1'20"と遅延がみられる。知的機敏性、分析能力などには問題がないもののこだわりが強く、反応内容が気になると動けず、反応時間が遅延する。Location はほとんどが小部分または異常部分反応である。事実と照合して、「正確に見ているかどうか」じっくり検討してみていく。そのため思考・言語カテゴリーでは、対象について「ここが少し違います」という apology (object-critic) にチェックされることが多い。そして混乱をきたすと次の反応の説明ができなくなり、「忘れました」と反応する (forgotten)。このような混乱からカードⅦの途中で Inquiry 不能となる。一方で、この状況を検査者に伝え理解を求めようとする姿勢が示された。Content Range = 17 であるが、動物、非現実的な人間、地図や建物の反応が多く、知識の幅は広いものの、同じ

ような反応にとらわれる傾向が強い。Inquiry 可能であったカードⅦまでの 47 個の反応数で形式分析を試算しても，F%＝95％以上，F+%，R+%ともに 30％程度となる。感情カテゴリーもその 50％以上が中性感情である。色彩反応や運動反応は少なく，淡々と反応を語る。

(2) 事例 Y の検査状況および分析結果

表 5-6 に事例 Y のプロトコルの抜粋を示す。X のような強い知覚，認識についてのこだわりはみられない。検査中に独特の反響言語的発言がある。検査者は，主治医からそれは不適切である旨をきちんと本人に伝えることが重要と聞いていたため，終始そうした態度で応じると，必死でそれを抑えようとする。平均初発反応時間は 27.4″であるが，X と同様にカードによる格差が大きい。遅延したカードはいずれも，反響言語を繰り返しており，課題に取り組むまで時間を要した。しかしこのような葛藤を抱えながら必死で現在直面している課題に取り組もうとする構えが良く理解できる。総反応数は，19 個。Content Range＝ 6 と，知的興味の範囲は限局されている。カードⅨが，反応拒

表 5-5 事例 X のプロトコル（特徴のある図版を抜粋）

	Time	Response (position)	1 *	2	3	4	5	6
Ⅰ	37″ 2′40″	〈じっと見ていて反応しない〉 (見えたものがあったら言ってください) 複数でもいいですか ①コウモリ（∧） ②カニ（∧） ③カエル（∧） ④蝶（∧） ⑤アニメに出てくるロボット（∧） ⑥アフリカ大陸が見えます（∧） ⑦アメリカ大陸も見えます（∧） 〈混乱する感じが出てきたと言い，inquiry に移る前に少し休憩を希望〉	 W Dd (dr) d4 Dd (dr) D1 D4	 F+ F- F- F- F- F-	 A A Ad A H/ Geo	 P	 N N N N N Aev	question for instruction apology (object-critic) confabulation definiteness forgotten
Ⅲ	8″ 2′21″	①蝶が見えます（∧） ②マンドリンが見えます（∧） ③馬が見えます（∧） ④木が見えます。針葉樹のような（∨） 〈限界検査…人には見えない〉	D4 D2 D7 Dd (dd)	F+ F+ FMa+ F-	A Mu A Bot		N Prec N N (Hh)	

＊ 1:Location, 2:Determinant, 3:Content, 4:P, 5:Affect, 6:Thinking Process and Communicating Style

否であった。F%=84.2%と，ほとんど形からの言及で，色彩反応はない。反応の説明が不十分なため，F+%=31.6%，R+%=47.4%と，低い値になっている。反応に付与された感情も乏しく，中性感情が，84.2%を占める。感情カテゴリーでは，ほとんどが中性感情で，また，思考・言語カテゴリーにチェックされる反応はあまり出現しない。そのなかで「これは回転させてもいいですか？」と検査者に尋ね，図版を回転しながら多角的に見ることができることは，先の葛藤を抱えながらも，自己の世界と他者とのかかわりが可能である証左であろう。

5. AS事例およびHFA事例における対人関係，コミュニケーションの側面からの検討

事例Pの人間反応は，「人の背中」等防衛的で，人間に脅威を感じているようにうかがえるものが多いが，カードⅧ，Ⅹに，「人間が向かい合っている」反応が出され，人との協調要求もあらわれている。しかし，その表現は「…が描いてある」というもので，情緒的に距離が遠く，他人事のような発言である。「神経細胞」や「背骨」など解剖反応も多い。事例Qは，説明の明細化と恣意的表現が特徴的である。また「自由に空を飛ぶ鳥」や「巨人」に誇大的な自己イメージを投影させている。反応継起をみてみても，カードⅠで，「コウモリ」，「オ

表5-6 事例Yのプロトコル（特徴のある図版を抜粋）

	Time	Response (position)	1*	2	3	4	5	6
Ⅰ	3″	①コウモリ（∧） ②クワガタ（∧） 〈歴史上の人物へのこだわりを反響言語的に繰り返す〉	D3+3+5 W	FMi+ F-	A A	(p)	N N	→ inappropriate behavior
	40″	③ハチ（針がある）	D1	F+	A		Hh	
Ⅱ	40″	これか…〈歴史上の人物へのこだわりを繰り返す。これを今言ってる場合ではないと自分で言い聞かせているが，なかなか反応が出てこないで，繰り返す〉 カードを回してもいいですか？ ①コウモリ（∨） 〈他にありますか？〉 いろいろあるなぁ…	D2	F-	A		N	→ inappropriate behavior question for instruction → direct affective response
	1′48″	②イノシシ（∨）	D3	F-	Ad		N	

* 1:Location, 2:Determinant, 3:Content, 4:P, 5:Affect, 6:Thinking Process and Communicating Style

オカミの顔」,「蛾の大きいの」という反応で始まり,動物ばかりの反応ではあるが,多角的な説明を試みている。このような流れが乱れるのは,カードⅡの赤が混在する時や,色彩カードへ移行する時である。つまり,刺激のパターンが大きく変化する時に情動が大きく揺さぶられ,一時的に情緒や思考のコントロールを失うが,知覚様式は乱れず,現実から逸脱しない努力をしている。

　AS事例には,筆者らが,検査者との関係性という視点から考察した（森田ら,2001）,検査者の存在を意識し,検査者に対して反応を具体的に説明し共通理解を求めようとするCommunicative Elaborationと,反応産出にあたって自己の考えやイメージに没頭し図版から離れた空想や物語が展開していくFabulization/Arbitrary Thinkingの混在が認められた。このことは,検査者に対する自己の反応の理解を求める態度と考えられる。HFA事例では,このようなことはなく,独自の世界で知覚し,伝えている。そして,具体的な検査者へのかかわりや理解を求める姿勢はみられない。ところが,人間に対する関心や知覚において,事例XとYの間に差異がみられた。事例Xの人間反応のほとんどが「像」と「シルエット」で,実体を伴っておらず,現実的な人間とのかかわりに対して,脅威を感じているようにうかがえる。カードⅦで,極小部分に,「違う表情をした人間が立っている」と指摘するなど,人間へのかかわり方のとまどいがあるのは明らかである。YではカードⅢの人間反応として,「人が2人ボールか何か触っている」と,平凡反応で良質の人間運動反応が表出され,唯一の人間反応であったが重要な反応といえる。人間に対する関心が豊かであるとは言えないが,Yは,独語を繰り返しながらも,検査者に確認したり,話したりすることで,自己の回答が検査の要求に応えられているかについて点検しているようにうかがえた。カードⅨは,「難しい…1個だけ見えた。やっぱやめておく」と発言を控えた。質疑段階でもう一度尋ねると,「目が見えて,幽霊,お化け」と言い,Yがこのインクブロットから,不安や恐怖が喚起されたと理解できる。しかしその際に表現を控えて防衛を試み,検査者と関係が取れてきた段階で,それが発言できたのである。こうした情緒的な動きは,彼のなかでは無自覚的に表現されているところであろうが,大切な情報を提供している。

6. AS事例およびHFA事例におけるインクブロットとの距離の取り方－知覚的距離感の喪失－

　思考・言語カテゴリーの原典である Rapaport（1946）の逸脱言語表現では，「インクブロットからの距離の喪失と増大」という概念が提唱されている。ここで言う距離感の適切さは，被検者がみずからの記憶のなかから，インクブロットに類似したイメージを「現実と適合させた形で」引き出し，発見することに求められる。その場合の喪失は，インクの色だけを反応するものであり，増大の例は，慢性統合失調症などのように全くインクブロットの特性を考慮せず，個人的な所有物などの反応（X子の手袋など）をすることが挙げられる。片口（1974（改訂版1987））は，こうした距離の概念に情緒的なゆとりや遊びも含めて「体験的距離」という概念を提唱した。この際の距離感の喪失（近づきすぎ）は，統合失調症やパーソナリティ障害のレベルでは，情緒的な体験として起こってくる。たとえば，「（インクブロットの）コウモリが私めがけて飛んでくる」や「怪獣が襲ってきそうで怖い」といった反応である。思考・言語カテゴリーでは，personal belief や delusional belief がそれにあたる。

　これらのいずれの反応も，ASとHFAの事例には生じていないようである。距離感の増大はみられず，インクブロットにはあくまで忠実に反応しようとする。距離感の喪失も，情緒的に起きることはなく，むしろ知覚的な整合性，つまり現実の対象とどれくらい近似的であるか否かが重要であった。事例Pの「第一感では，このように見えましたが，もう少し見ていったら他の見方もあったかもしれない」という内省の表現は，独特な知覚様式を反映している。AS事例は，両者ともに最初にいくつ見えたかを発言していることから，瞬時に知覚的に何に類似しているかを読み取る力を発揮した。しかしインクブロットの刺激に，情緒的には巻き込まれていない。

　特筆すべき知覚的な問題は，次の発言にあらわれていた。事例Xは，「頭の中にある，半島の地図と今見た地図が確かに一致しているかどうかがわからなくなり，さっき見たのは本当ではなくて，今の図の方が正しいのではないかと思うと混乱してきた」と言い，結局はその後質疑段階を途中で止めることになった。「何かのマークならこんなことは起こらない」と言う。事例Xにとっての「地図」は，縮尺の小さい極めて緻密な地図を意味し，ロールシャッハ法の

インクブロットが，もともとはインクのしみであり，何かの物体と同一ではなく「より似ているもの」を感じ取って反応するものであることから，その整合性に問題が生じたのであろう。あたかも「このインクのしみを見て，それと同一の図形をあなたの知っているものから探し出しなさい」と教示されているかのような，rigid な見方をもった「距離感の喪失」が理解できる。

AS，HFA 事例ともに，思考・言語カテゴリーにチェックされる direct affective response についても，「難しい」かどうかであって，健常青年や青年期の他の障害で頻発するような「気持ち悪い」「楽しそうな絵」というものではない。これらの特徴は，先の Rapaport（1946）のいう現実検討能力をふまえた認知的距離や，片口の体験的距離とも異なる感覚であり，「知覚的距離感の喪失」と仮説的に提示することができる。そしてこれは，HFPDD を統合失調症やパーソナリティ障害等と鑑別する際の視点となろう。このような特徴は共通にみられたが，HFA 事例ではより顕著であり，AS 事例には，反応に付随した感情的修飾（affective elaboration）が若干みられ，情緒的な動きが言語表現されることが，さらなる特徴といえる。これらの知見は，個別の反応の生成過程を詳細に検討していくことで明確になることであり，形式分析のみでは明確になり得ない。

第3節　AS 事例における男女差

1．ロールシャッハ法の導入手続き

これまで述べた2事例に加えて，事例 R～U について，ロールシャッハ法を導入し，さらに AS の特徴をまとめた結果を検討する。

これらの事例は，いずれも病院内施設において，本人に対して研究協力の同意のうえ，ロールシャッハ法が施行された。実施時間は対象者の精神状態を考慮して，1時間半を超えないように配慮した。実施およびフィードバック等についての説明は，実施者が行った。各事例に関する診断は，事例 P，Q と同様の手順であった。

2. 事例の概要

先の事例 P, Q に, 事例 R～U を加えた。事例 R, S は 20 代の未婚の男性, 事例 T, U は 30 代の既婚女性であった。

3. ロールシャッハ法からみた男女差

AS 事例（P～U）全体の量的分析をまとめたものを表 5-7-1, および 5-7-2 に示した。また, 対象事例全体の感情カテゴリーについてまとめたものが表 5-8, 思考・言語カテゴリーについてまとめたのが, 表 5-9 である。

まず, 全体に反応形式は rigid でありながらも生産性の高さ, 高い F％が示されていたといえる。そして, 彼らはインクブロットの形態へのこだわりが強く, 反応として想起された概念とインクブロットに見える実態との間にズレがないかチェックしている様子がみられた。

この点について事例 R では, もともとの物体と少し異なるということがとても気になり, 「形がいびつである」, Ⅳカードでは, 「変わった形の建物, …いびつな形にしては整っている」という指摘などが反応の修飾にも加えられている。細部へのこだわりも顕著で, 「…を象徴している」という表現や, 「…の向きから…がわかる」という表現も特徴的である。事例 S でも, 反応について「…のシルエット」という表現が繰り返され, 形は近似的であるという細部へのこだわりは明確である。

同様な視点において, 女性事例である事例 T, U も, 明細化への言及は多く,「形がすごく似ている（事例 U）から, これは…です」と言ったりする一方で,

表 5-7-1　AS 事例の形式分析概要（その 1）

case	sex	R	Location					Determinant								Content			
			W%	D%	Dd%	d%	F%	M 個	F+%	R+%	FM 個	FC 個	CF 個	C 個	Range	A%	H 個	H%
P	M	27	40.7	44.4	7.4	7.4	40.7	3	9.1	33.3	7	0	1	2	9	44.4	6	22.2
Q	M	34	47.1	50.0	2.9	0	64.7	2	59.1	58.8	6	0	1	2	10	64.7	1	14.7
R	M	49	79.6	14.3	4.1	2.0	46.9	10	47.8	49.0	4	2	5	0	18	32.7	11	34.6
S	M	21	76.2	8.2	0.0	2.0	76.2	3	62.5	66.7	0	0	1	0	8	38.1	4	38.1
T	F	39	41.0	41.0	17.9	0	61.5	6	54.2	59.0	7	2	0	0	11	53.8	7	25.6
U	F	21	38.1	42.9	19.0	0	47.6	2	70.0	80.9	3	3	0	0	8	71.4	1	9.5

表 5-7-2 AS 事例の形式分析概要（その 2）

case	W：M	M：FM	M：ΣC	C：CF+C	P
P	11：3	3：7	3：4	0：3	2
Q	16：2	2：6	2：4	0：3	3
R	39：10	10：4	10：6	2：5	2
S	16：3	3：0	3：1	0：1	3
T	16：6	6：7	6：1	2：0	3
U	8：2	2：3	2：2.5	3：1	4

表 5-8 AS 事例の感情カテゴリー

case	Hostility (%)	Anxiety (%)	Bodily Pre-occupation (%)	Dependency (%)	Positive Feeling (%)	Miscellaneous (%)	Neutral (%)	Affect (%)
P	9.5	38.1	33.3	4.8	0	14.3	33.3	66.7
Q	25.8	32.3	16.1	3.2	9.7	12.9	29.4	70.6
R	25.0	21.1	0	11.5	30.9	11.5	13.3	86.7
S	21.1	57.9	0	5.3	15.7	0	42.9	57.1
T	14.3	53.6	7.1	3.6	17.8	3.6	38.5	61.5
U	16.7	41.7	0	8.3	33.3	0	52.4	47.6

表 5-9 AS 事例における思考・言語カテゴリーの出現数

事例	P	Q	R	S	T	U
総反応数	27	34	49	21	39	21
思考・言語カテゴリー						
(1) Constrictive Attitude	1	1	0	0	1	0
card description	1				1	
symmetry remark		1				
(2) Abstraction and Card Impression	1	1	1	0	0	0
direct affective response		1				
impressionistic response	1					
symbolic response			1			
(3) Defensive Attitude	2	5	14	3	7	3
negative sentence			1			
apology (self-critic)		1	2	1		2
apology (object-critic)	1		10		6	
question for instruction	1	1	1	1		
additional response			1			
modified response			2		1	1

(4) Obsessive and Circumstantial Response	0	0	1	0	0	3
detail description			1			3
(5) Fabulization Response	0	6	20	2	13	6
affective elaboration			1		1	
definiteness		5	4	1	11	2
affective ambivalency			1	1		
overdefiniteness		1	9		1	3
overelaboration			5			1
(6) Associative Debilitation and "Labile Bewußtseinslage"	7	0	1	0	11	0
incapacity of explanation	2					
apathy in decision	2					
fluid			1		4	
indifferentiation of response	3				7	
(7) Repetition	3	0	0	2	1	0
perseveration	2			1		
automatic phrases	1			1	1	
(8) Arbitrary Thinking	1	6	7	3	2	2
arbitrary combination	1		2			1
rationalization						1
arbitrary discrimination			1			
figure background fusion				1	1	
projection of color					1	
over specification			3	2		
arbitrary response			1			
arbitrary linkage			4			
arbitrary belief			2			
(9) Autistic Thinking	3	2	4	1	1	0
viewpoint fusion				1		
fabulized combination	1	2	3		1	
confabulation			1			
contamination	2					
(10) Personal Response and Ego-boundary Disturbance	2	7	8	2	2	1
personal experience	1	4	1		1	
utilization for illustration	1	2	7	2	1	1
delusional belief			1			
(11) Verbal Strangeness	0	0	0	0	0	0
(12) Association-Looseness	0	0	0	0	0	0
(13) Inappropriate Behavior	0	0	0	0	0	0

(スコアについては,本節に関連したもののみを記した)

反応が修正され，自信のない表現によってまとまらなくなるものもある。この「正確でないものへの不安」が，より強くあらわれているのが，事例Tで，正確さを求めるがゆえに反応をなかなか決めきれない。熊であったり，狐であったり，質疑段階では反応が変化してしまい決定を躊躇している。この事例でも「…のシルエットです」と，あくまで「形は近似的である」とこだわっている。

　この「正確さへのこだわり」という視点において，女性の事例の方が，そのこだわりについての合理化がうまくいかず，反応がまとまりにくく，決定が難しいという特徴となっている (indifferentiation of responses, modified response, fluid)。これは，これらの事例がともに社会的にも適応的に生活し，家庭をもっているため，より社会からの容認について過敏になっていることの証左ともいえよう。そして，まわりと自分とでは，少しものの見方やとらえ方に違いがあるという自覚があることで，その調整に努力を重ねてきたと考えられる。その一方で，男性事例の方が，対象の特徴としてとらえ，「いびつな形」とか「変形した」といったことでの解決をみているようである。これは，思考・言語カテゴリーでは，apology (object-critic) によって，チェックされている。

　またこれは，先述した知覚的距離感の喪失ともつながることと考えられる。心理的情緒的な反応形成ではなく，むしろ「いかに正確な反応を産出するか」にこだわるあまりに，反応形成に問題が生じているのであろう。しかしながらこの特徴は，HFA事例2例 (W, Y) ほど強いものではなかった。HFA事例では，これが高じて現実状況に適応できず，検査実施自体に問題が生じてしまっていたからである。

　また，感情カテゴリーにおいては，事例R, S, Uでは，Bodily Preoccupationが0個で，事例Tでも2個で，これはいずれもCTスキャンの映像というまとめ方をしている。依存感情に比べるとやや不安は高いものの，大きく崩れた反応は顕著にみられなかった。

　女性が男性よりも顕著であった補足すべきことは，外的統制が良好 (FC＞CF+C) であるということである。これらのことは，先の社会的な容認を求める傾向と併せて，AS事例のなかではコミュニケーション能力の発達，社会適応性の高さを示唆するものと考える。

第4節 まとめ

　本章では，AS事例に対して，ロールシャッハ法を実施し，HFA事例との比較をし，そして男女差も検討しながら，その特徴を理解することを試みた。AS事例，HFA事例ともにインクブロットに対する「知覚的距離感の喪失」がみられ，とくにHFAにおいて顕著だった。AS事例は，HFAより刺激に影響されて情緒的な揺れが表現される。つまり，「知覚的距離感の喪失」に加えて，情緒的距離感（体験的距離（片口，1987）に近似的である）の問題も発生しうる。そして検査者との関係性も意識化されている。また健常者や，筆者らの先行研究事例では，知覚された反応を順に言語化していくことが多いのに対して，AS事例では初発反応時に個々の反応すべてが知覚され，いくつの反応があるか宣言する事例も見受けられた。さらに情緒的な揺れが表現された際には，反応継起に伴って，揺れたり立ち直ったりといった動きがとらえにくい。

　このようにAS事例のロールシャッハ反応によって理解された，知覚，感情，思考の特徴，コミュニケーション特徴は，ASの心理療法上の留意点も含めて，治療計画を立てる際の有益な補助的情報となりうると思われる。しかし現段階では事例数が少ないため仮説の段階といわざるをえない。今後事例数を増やし，本知見の検証と拡充を行っていきたい。

展開編

第6章　カテゴリーの検討
―*Fabulization* 関連スコアをめぐって―

反応の限定づけ・修飾への注目

　ロールシャッハ法は，曖昧なインクブロット刺激について「何に見えますか？」という簡明な課題への対処様式を通して，被検者の外界把握や現実検討，現実対処といった，内的世界に迫るものである。簡明な問いであるにもかかわらず，いや，簡明だからこそ，検査状況においては，多様な反応様式があらわれる。

　名大法においては，Rapaport 以来の逸脱言語表現を植元（1974）が再整理し，従来の分析枠では十分まとめきれなかった反応特徴を客観的にスコアすべく，思考・言語カテゴリーが考案されている。しかしながら，13のカテゴリーとそれに含まれる86のスコアを用いるうえでは，スコアリングの煩雑さや，各スコアの重みづけが異なっていることによる使用上の混乱といった課題も残されている。

　私たちはこれまで，思考・言語カテゴリーに着目して，自己愛性パーソナリティ障害，境界性パーソナリティ障害，外来治療水準の統合失調症といった臨床群を対象とする研究を重ねてきた（堀内ら，1991，髙橋ら，1992，城野ら，1993，髙橋ら，1995）。次いで，大学生を対象とした研究を行い（星野ら，1995），臨床群との比較を通して，いくつかのスコアの関係を検討した（森田ら，1996，長野ら，1997）。さらに，思考・言語カテゴリーの臨床的適用のあり方について事例報告も行った（中原ら，1997，髙橋ら，1998）。臨床群を中心とする比較検討と，そこで出現したスコアの意味の検討を積み重ねるなかで，反応形成過程には，大きく分けると3つの方向性があることが推察された。1つめは，反応産出困難あるいは反応が貧困で収縮していくもの（Constrictive Attitude, Associative Debilitation など），2つめは，逆に反応産出への意欲が高く内容的にも限定づけ・修飾が多く用いられ，広がっていくも

の（Fabulization Response，Arbitrary Thinking など），そして3つめは，自我の統制が崩壊して反応自体が崩れていくもの（Autistic Thinking），である。このなかで，反応が収縮していくものと，崩れていくものに関しては精神病をはじめとする臨床群に頻発していた。

しかしながら，「反応を限定づけ・修飾する」というあり方は，決してまれなものではなく，思考・言語カテゴリーのなかでも比較的出現頻度の高いスコアである。たとえば，「大きなトリ」「怒っている人」「昔の洋服」「外国の女の子」など，そのものの様子を形容することは，性別・年齢・健康度を問わず，どんな人のプロトコルにもみられる。そのため，反応の限定づけ・修飾は，臨床群あるいは健常群いずれかに特異的な指標であるとは言い難い。それでも，質的にみると，逸脱言語表現とみなされる自閉的なものや過剰に自己関係づけされたもの，あるいは恣意的なものといった病理的なものから，概念形成に際して知性化が適度に行われたり，場面に即した感情表出がなされたり，検査者との関係が構築されたりするといった被検者の資質の豊かさを示唆するようなものまで，各スコアの出現様式には幅が認められた。これらのことから，限定づけ・修飾のあり方は，対象事例群によって質的差異があることが推察された。

ところで，限定づけ・修飾は一般に作話反応（fabulized response）の一部として扱われている。Klopfer（1953）は，作話反応の中に健全なものが含まれていることを指摘し，poetic license（詩的許容）という表現を用いて，いわゆる「作話」とは区別している。また，Rapaportら（1968）は，逸脱言語表現の一種として被検者とブロットとの「距離」の概念を導入し整理を試みている。近年の研究では，精神分析の枠組みで扱っている Lerner（1991）のものや，unusual verbalization というカテゴリー化を試みている Exner（1986）のものがある。いずれもサインアプローチの観点から，反応の病理性あるいは健全なものに関して述べてあるが，反応産出過程（知覚様式）まで遡って系列的にとらえようとしている研究は少ない。また，コミュニケーションの観点においても，Phillips & Smith（1953），Schafer（1954），Schachtel（1966），辻（1997）による検査状況での，検査者－被検者のコミュニケーション様式に触れたものがある。しかし，それらの特徴をまとめて反応様式としてカテゴリー化する試みは少ない。

以上のことから，作話反応に含まれる，限定づけ・修飾のあり方を明確にすることは，被検者の病理的側面（水準）を明らかにするだけでなく，コミュニケーション・スタイルという現実対処の側面を明らかにし，治療的かかわりをもつうえで有用な知見となり得るだろう。そこで，思考・言語カテゴリーにおける「限定づけ・修飾」に関するスコアに着目し，異なった対象事例群において，どのような限定づけ・修飾が特徴的にあらわれるのかを明らかにし，各スコアの意味やスコア間の関連について検討したいと考えた。

対象事例とスコアの整理方法

限定づけ・修飾のスコアを検討するために，臨床群17名（男性9名，女性8名）と大学生を中心とする健常群23名（男性9名，女性14名）の合計40名のプロトコルを用いた。臨床群の内訳は，自己愛性パーソナリティ障害群4名，境界性パーソナリティ障害群7名，外来治療水準の統合失調症群6名で，年齢は18～38歳であった。学生群の年齢は18～25歳であった。

臨床群のうち，自己愛性パーソナリティ障害と境界性パーソナリティ障害はDSM-Ⅲ-RおよびDSM-Ⅳにより診断された。診断基準が異なるのは，対象者が治療機関を訪れた時期に相違があるためである。外来治療水準の統合失調症は笠原・金子（1981）が提起した外来分裂病特徴，すなわち（1）自発的な通院，（2）家庭での乱れた言動と対照的な診察室での整然さ，（3）内的体験の陳述力，（4）急性症状消褪後しばらくの無為・退行の時期，（5）家庭の協力が得られる，（6）社会適応への現実的努力などを満たした者である。

名大法の思考・言語カテゴリーにおいて反応の限定づけ・修飾を意味するスコアは，主にFabulization Responseカテゴリーに分類されている。加えて，他のカテゴリーのなかで，反応の限定づけ・修飾のバリエーションであると考えられるいくつかのスコアにも着目した。これらは，Arbitrary Thinkingに属するoverspecification, Personal Response and Ego-boundary Disturbance（以下，Personal Response）に属するpersonal experienceおよびutilization for illustrationの3つのスコアである。表6-1に示すように，これらのスコアは，Fabulization Responseと同様に臨床群，学生群の両方において比較的出現頻度が高い。

表6-1 対象者群における「思考・言語カテゴリー」スコアの出現数
(ただし，臨床群，学生群ともに出現し，いずれかが5個以上みられたスコアのみ)

	自己愛性パーソナリティ障害 (4名)	境界性パーソナリティ障害 (7名)	統合失調症 (6名)	臨床群計 (17名)	学生群 (23名)
① Constrictive Attitude					
card description	0	3	1	4	5
② Abstraction and Card Impression					
direct affective response	2	5	0	7	16
③ Defensive Attitude					
apology (self-critic)	2	1	5	8	19
apology (object-critic)	7	20	3	30	18
question for instruction	2	15	7	24	16
additional response	1	1	3	5	1
modified response	4	7	2	13	4
④ Obsessive and Circumstantial Response					
hesitation in decision	2	2	2	6	11
⑤ Fabulization Response					
affective elaboration	3	21	2	26	32
definiteness	25	24	13	62	177
affect ambivalency	5	9	0	14	1
overdefiniteness	9	14	2	25	21
overelaboration	16	19	3	38	16
⑥ Associative Debilitation and "Labile Bewußtseinslage"					
incapacity of explanation	2	3	2	7	5
perplexity	4	1	0	5	0
vagueness	6	1	5	12	4
⑦ Repetition					
⑧ Arbitrary Thinking					
arbitrary combination	1	4	2	7	6
arbitrary discrimination	2	4	0	6	1
overspecification	0	9	1	10	10
arbitrary response	4	1	0	5	0
arbitrary linkage	0	8	0	8	7
⑨ Autistic Thinking					
fabulized combination	1	1	1	3	6
contamination tendency	4	1	1	6	2
⑩ Personal Response and Ego-boundary Disturbance					
personal experience	17	23	6	46	34
utilization for illustration	6	9	1	16	22

⑪ Verbal Strangeness

⑫ Association-Looseness

⑬ Inapropriate Behavior

注1) overspecification には,植元 (1974) では⑤ Fabulizaiton Response に含まれていた overspecification tendency も含めた。
注2) fabulized combination には,⑨ Autistic Thinking に含まれていた fabulized combination tendency も含めた。

　集計の結果,今回の対象者 40 例が示した「反応の限定づけ・修飾」のスコアのうち,いずれの群にも共通して出現していたものは 7 種類あった。植元 (1974) にもとづく,各スコアの定義を表 6-2 に示す。

表 6-2　限定づけ・修飾に関する 7 スコアの定義

[Fabulization Response に含まれるもの]	
definiteness	一般的表現でなく,特殊な限定づけをもったものに向けられた反応。多くの場合,ブロットの細かい特徴への受動的なこだわりや,積極的にその特徴を生かしての概念化を示している。同時に作話的能力や合理化の能力が働いていると推察される。すなわちブロット中心的な厳密性をもった知性化の反映。
overdefiniteness	単なる definiteness 以上に反応内容の性質や状況を限定づけようとするもので,強い fabulization 機能を示している。ブロットの特徴をあまり離れず,むしろそれを根拠として作話がなされているもの。
affective elaboration	情緒的な調子が修飾の中心になっている反応。個人的感情が容易に表出されやすい人格の反映と考えられる。
overelaboration	ブロットにもとづく具体的反応から発想するが,ブロットにないものまで取り入れて 1 つの概念を作ったり,背景,状況描写などがブロットの特徴から飛躍してなされたり,過去,将来のような説明づけがなされるもの。overdefiniteness よりも「お話し」傾向が強く,自我機能としての検閲作用の崩れを疑わせる。
[Arbitrary Thinking に含まれるもの]	
overspecification	固有名詞やかなり限定づけられた名称を述べるが,ブロットの特徴がそのものの重要な特徴をあらわしてはいない。作話的傾向に恣意的思考の加わった飛躍,さらにはカードとの距離の喪失 (Rapaport) による妄想的解釈を疑わせる場合もある。
[Personal Response に含まれるもの]	
utilization for illustration	個人的体験や知識を用いて「～のような」と例示することによって,相手に対して反応を明確化しようとするもの。次の personal experience の弱いものといえる。
personal experience	反応に伴う個人的体験の表出。「見たこと・体験したことがあるから」という合理化や自己顕示性のあらわれ,時に flight of idea に通ずる連想の弛緩をも反映する。

第6章 カテゴリーの検討

次に，名大法の平凡反応10種類の中から，カードⅢの「人間」(D1+1)，Ⅴの「コウモリまたは蝶」(W)，Ⅷの「四足獣」(D1) の3反応を取り上げ，スコアごとの内容例を表6-3に示した。基本的知覚が同一で限定づけ・修飾のあり方が異なるというバリエーションを明らかにすること意図した。ただし，該当する反応がないものについては，平凡反応以外の例を参考として記した。

表6-3 対象事例における限定づけ・修飾に関するスコアの反応例

	Ⅲ (D_{1+1})	Ⅴ (W)	Ⅷ (D_1)
definiteness	黒人の女性が2人向かい合って食事の準備をしている。	蝶を後ろから見た。	豹か何か歩いている(Inq. ネコ科のでっかい動物。)
overdefiniteness	飢えに苦しむ黒人の子ども。	産まれたてで羽がまだ変わっていない蝶々。	狼が動物の死体か何かを襲っている。
affective elaboration	2人が餅つきをしている。哀しい顔をしている。	コウモリか蝶の変形した気持ち悪いの。	豹がトボトボ歩いている。(Inq. 元気がない。)
overelaboration	踊り子が向かい合って手品をしている。(Inq.2人がくっついた途端，器になって宙に浮いてる。)	これから舞台に立とうとして緊張してる羽をつけた衣装の人。(Inq. スポットライトを浴びて…略。)	夕暮れに豹が獲物を。鹿は気づかない。それを物陰からじっと見ている。暑いだろうな。
overspecification	お寺の金堂にかかっているカーテンの柄。天女が舞ったり，地獄で苦しんだり。古い織物の一部。	(該当なし)	※チャールズ皇太子が2人。
personal experience	昔，マンガで見たカッパ。	※昔あったテレビ番組の怪人。	テレビでよく見る動物が水面に映っている。
utilization for illustration	広島の原爆を思わせる。子ども2人が路頭に迷っている。よく小中学校の教科書に載っている絵に似ている。	女の蝶。「みつばちハッチ」の中に出てくるような，昆虫を人間化したような感じ。	※人体解剖図。(Inq. 理科室においてある内臓の模型。)

アンダーライン部（＿＿）が，各スコアの根拠となった部分。
※印は，平凡反応の該当例がなかったため，参考として他の反応を記載。

限定づけ・修飾スコアがもつ 3 つの機能

　従来の Fabulization Response カテゴリーは，definiteness に代表されるように反応内容を一般名称からより個別的な方向へと限定づける意味をもつスコアと，affective elaboration に代表されるように情緒的な印象を用いて反応内容を修飾する意味をもつスコアから構成されている。これをふまえて今回とりあげた 7 種のスコアについて分類整理してみよう。表 6-3 に挙げた反応例を用いて説明を加える。

(1) 限定づけに関するスコア（definiteness-overdefiniteness-overspecification の系列）

　たとえばカードⅢにおける「黒人の女性が食事の準備を…」の反応は，単に「人間が 2 人」という知覚から出発して，ブロットの実際の色や形などの特性をふまえて性別や動作について，より明細化された内容になっている。換言すれば「人間そのもの」ではないブロットと自分の連想との整合性を高め，概念をより明確にしようとする意図が働いている。ところが，「飢えに苦しむ子ども」や「金堂のカーテンの柄にある天女が舞う」のように特殊性や個別性を帯びてくると，整合性や明確さはむしろ低下していくことになり，過度な限定づけと言わざるを得ない。これらのスコアから，ブロットと連想を結びつけ概念形成するという基本的な課題対処機能（認知・思考機能）が適度に働いているかどうかを知ることが可能である。

(2) 情緒的修飾に関するスコア（affective elaboration-overelaboration の系列）

　カードⅤを例にとると，「コウモリか蝶の変形した気持ち悪いの」という反応は，ブロットから受けた情緒的刺激を「気持ち悪い」という修飾として内容に取り入れ合理化している。ところが，「舞台に立とうとして緊張した，羽をつけた人」の場合は感情移入の度合が強くなり，表中では省略されているが質疑段階ではまるで TAT のような物語性をもった内容が語られ，もはや反応の説明の域を超えてしまっている。これらのスコアからは，ブロットや検査場面に刺激された感情を統制し，課題を遂行する機能（感情統合機能）のあり方が示されている。

(3) 個人的体験の例示に関するスコア（utilization for illustration-personal experience の系列）

カードⅢの「よく教科書に載っている絵に似ている」や，カードⅤの「『みつばちハッチ』に出てくるような…」の反応は，検査者と共有しうる例を挙げて反応内容を説明している。ところが，「昔漫画で見たカッパ」などの反応では，「私（被検者）が」見たことのあるものという説明しかなされておらず，十分な共通理解が成立していない。これらのスコアからは，個人的な体験や連想を検査者に伝達・共有する機能（コミュニケーション機能）が示されている。

ここで述べた＜認知・思考＞＜感情統合＞＜コミュニケーション＞の3つの機能は，ロールシャッハ法における課題の遂行，つまり知覚－連想－概念形成－言語化という反応産出の過程で本来必要とされるものを端的にあらわしている。したがって，この視点からロールシャッハ行動をみていくことは有意義と考えられる。

新たな視点—Communicative Elaboration の導入—

適度な限定づけ・修飾は，ブロットと自己の連想をすり合わせ「より似ているもの」として反応を産出したり（認知・思考），ブロットや検査状況から触発された自己の感情を取り入れて反応を「より豊かなもの」にしていくこと（感情統合）を可能にする。さらに，そうすることによって反応を「よりわかりやすいもの」として相手に伝える（コミュニケーション）働きをもつと考えられる。ところが，過度な限定づけ・修飾のなされた反応は，むしろブロットの特徴から離れ，被検者の恣意的世界が広がり，共有しにくい内容となる。

そこで，両者を区別するために，あらたに"Communicative Elaboration"というカテゴリーを設定してみるとどうだろうか。＜認知・思考＞，＜感情統合＞，＜コミュニケーション＞の3側面が適切に機能していることをあらわすスコアとして，definiteness, affective elaboration, utilization for illustration がここに組み入れられることになる。残りのスコアは作話的・恣意的思考という特徴をもつということで，"Fabulization/Arbitrary Thinking"としてみよう。私たちが仮に名づけた2つの新カテゴリーは以下のように定義される。

Communicative Elaboration 　　被検者が反応産出にあたって，検査者の存

在を意識しており,検査者に対して自らの反応をより具体的に説明し,共通理解を求めようとしてなされる,反応の限定づけ・修飾。その際,そうした試みが,検査課題の遂行に合致し,反応内容に豊かさを加えることに成功している場合。

Fabulization/Arbitrary Thinking　　反応産出にあたって被検者が自分の考えやイメージに没頭してしまい,図版から離れた空想・物語が展開していく形でなされる,主観的な限定づけ・修飾。刺激や検査場面によって感情が動かされ,個人的な連想が広がってしまうため,適切な概念形成が妨げられ,検査者は単なる「聞き役」になってしまう。

＜認知・思考＞＜感情統合＞＜コミュニケーション＞の3機能は,Communicative Elaboration と Fabulization/Arbitrary Thinking という2つのカテゴリーを鑑別するための基準になると考えられる。表6-4に各カテゴリーの機能別説明を,図6-1にスコアの系列をまとめた。図6-1において,個々のスコアは,とくに関連する機能にもとづいて系列化したが,いずれもそれぞれが属するカテゴリーの3機能にわたる特徴を有している。

従来のFabulization Responseカテゴリーにおいても,"Fabulization"(作話)の語は「想像力,作話的機能の豊かさ」の反映であり,「精神医学用語としての作話症と同一ではない」「文字通りの話作りの機能を意味する」ものと説明されていた(植元,1974)。しかし,実際には,健康な想像力の反映としてのスコアと,病理の存在を示す恣意的思考のスコアとが混在していた。本研究ではこれを区別し,さらに対人関係(コミュニケーション機能)という視点を取り入れることにより,スコアに反映される健康さの部分にも注目した。

表6-4　各カテゴリーにおける3機能の概要

	認知・思考機能	感情統合機能	コミュニケーション機能
Communicative Elaboration	適切な概念形成(ブロットの客観的特徴を考慮した連想)	場面に適応した感情表出(課題遂行が妨害されることなく,感情を取り込んだ反応)	ほどよい対他意識性(検査者の存在を意識し,反応を共有する)
Fabulization/ Arbitrary Thinking	作話性・恣意性の増大(図版から離れた空想。イメージの優勢化。概念の特定化)	感情の易表出性(図版や検査場面により動揺した感情的な色づけの濃い反応)	自己中心性(自分の考えやイメージに没頭し,個人的体験を一方的に語る)

```
                      認知・思考機能      感情統合機能      コミュニケーション機能
Communicative
Elaboration         [definiteness]    [affective elaboration]    [utilization for illustration]
    ↑
    ↓
                    [overdefiniteness] ┄┄┄
Fabulization/                              [overelaboration]
Arbitrary Thinking                                                [personal experience]
                    [overspecification]
```

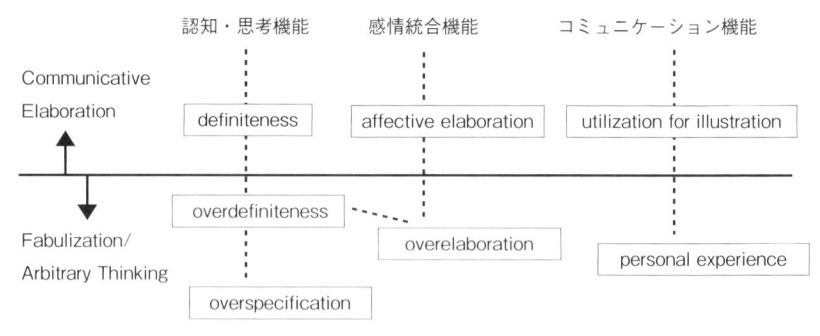

図6-1　限定づけ・修飾に関するスコアの系列

　コミュニケーションの視点を導入することによって，限定づけ・修飾という反応様式に対して新しい理解が可能となった。つまり，同じ限定づけ・修飾でも，相手（検査者）との関係を意識しているかどうか，またどのように意識しているかによって，まったく意味づけが異なるという点である。ここではそれを Communicative Elaboration と Fabulization/Arbitrary Thinking という2カテゴリーに分離した。ロールシャッハ法が一対一の対人場面である以上，検査者と被検者との人間関係は，検査結果の解釈から切り離して考えるべきではないという主張は，これまでに陰に陽になされてきたが，この点が今回の研究でも再確認できたように思う。

　反応のあり方をコミュニケーションの視点から解釈することによって，心理テスト後に引き続く心理療法のために有益な情報を得ることが可能である。つまり，心理療法のなかで何が起きるのかを予測することができるようになる。これについては，その後の研究報告（中原ら，1997，髙橋ら，1998など）において，思考・言語カテゴリーによる事例理解と心理療法の展開とに密接な対応があることを具体的に示した。

ロールシャッハ反応を産出することの意味

　名大法独自の分析枠である思考・言語カテゴリーを用いて，40例のプロトコルを検討し，作話反応に含まれる限定づけ・修飾を示すスコアの系列化を行った。「作話反応」と一口に言っても，詳細に吟味すると，それぞれの反応における「限定づけ・修飾のあり方」には相違がみられる。本研究（森田ら，2001）

はこうした事実から出発している．そして「何がどのように違うのか」を明確にする目的で，ロールシャッハ反応産出における3つの機能の整理と新しいカテゴリー分類視点の提案を行った．これは反応を理解していく枠組の進化または深化ととらえることが可能であるが，思考・言語カテゴリーの検討作業をしながら，同時に私たちは重要なことに気づいた．

それは，ロールシャッハ図版という曖昧刺激を与えられ，何に見えるかと問われて，似ているものを答えるという反応産出行動は，まさにこの章で扱ってきた「作話（Fabulization）」に他ならないという気づきである．ロールシャッハ反応には，絶対的な正解はなく，見る人ごとに自由に図版を解釈した結果が反応として出されるが，適度な限定づけや修飾とその説明が加わることによって，他者と共有できる豊かな想像力の産物となる．

私たちが日々行っているコミュニケーションも，こうした精神機能によって成り立っているのだと考えられる．2章で述べたこととも重なるが，ある体験を他者にわかりやすく伝えるためには，「…という感じの」「〜〜のような」といった，そのことをイメージしやすい説明の言葉を添えることで，相手は追体験しやすくなる．その内容は，あくまでも伝え手の主観であり，行き過ぎると逆効果なのだが，まったく無しでは伝わらない．Fabulization機能に関して，ロールシャッハ反応を産出するという行為と，日常の他者や外界との関わりをもつ行為とが，同心円を描くような連関になっているといえる．

私たちがスコアの検討をするに当たって，手始めにFabulizationから，と考えたのは偶然のことである．青年期臨床群と大学生を中心とする健常群という，おそらく他と比べて反応数や言語量の多い人たちを対象としていたことから，かなり多くのFabulizationのスコアが出現した．偶然とはいえ，思考・言語カテゴリーの研究をここから開始してよかったと実感している．反応を産出するというのは一体どういう意味をもつのだろうか？　という，ロールシャッハ法の基本に立ち返る作業となったからである．

第7章　今後の展開に向けて
－Andronikof先生との対話－

　思考・言語カテゴリーは，実践的適用に際してこれまで述べられてきたような数々の課題を含んでいる。そこで，今後の展開に向けて客観的で国際的な観点からこのカテゴリーの意義について，国際ロールシャッハ学会会長のAnne Andronikof先生を訪ねて意見をうかがいたいと思った。日本でのさまざまな学派や立場，歴史的背景とは無関係で，ロールシャッハ法に非常に造詣の深い先生から教えていただけることがあるのではないかと考えたのである。Andronikof先生にその旨を申し上げて依頼したところ，快諾していただいた。

　そこで私たち一行5人は，2007年9月12日，パリ西の郊外に位置するナンテレという街にあるパリ第X大学まで出向き，先生の研究室での討議となった。そのメンバーは，髙橋昇，髙橋靖恵，研究協力者の吉岡和子氏（福岡県立大学）と西見奈子氏（近畿大学九州短期大学），通訳の髙橋剛生氏の5名であった。その日，午後1時から約5時間に及ぶ討議がかわされ，私たちは貴重な意見をうかがうことができた。Andronikof先生には感謝申し上げたい。ここではその議論の概要を紹介して本研究の今後の展開としてまとめておきたい。

カテゴリーへの質問と説明

　Andronikof先生はこのカテゴリーについてまったくご存じないので，まずどのようなものであるのか，その概要についてお伝えするところから話は始められた。実践的なカテゴリーの使用とその精選に関する研究をしており，私たちの研究は量的分析でなく質的分析であること，メジャーな研究とはいえないが，このカテゴリーは臨床的には有用であると考えていることをお話しした。Andronikof先生は，思考・言語カテゴリーの研究にはとても関心があり，前回の国際ロールシャッハ学会（バルセロナ2005）での発表を聞くことができなか

ったので，次回の発表を楽しみにしていると言われた。そして，思考・言語カテゴリーに関して以下のような質問をされ，説明と討議をした。
　（以下 An.：Andronikof 先生　　We：私たち　　【　】：その後の補足）

1）An.：スコアはどのようにカウントするのか？
　　We：カテゴリーが 13 あり，そのドに 86 のスコアがあって，反応およびそれ以外の発言も含めて出現するごとに 1 つずつチェックする。

2）An.：反応数が多い人と少ない人，たくさん語る人とそうでない人をどのように比較するのか？
　　We：出現するごとにチェックするため，反応数が多かったり，たくさん語る人ではチェック数が多くなりがちである。しかし，総スコア数が多くなること自体，そのプロトコルの特徴であると考えられる。

3）An.：スコアは必要なのか？
　　We：スコアの種類は多いのだが，同じカテゴリーのなかでもかなり質的に相違のあるスコアがあるので，それをまとめてしまうと個別のプロトコルの特徴が消えてしまう恐れがある。スコアの種類が多いことが実践的に使用しづらい 1 つの大きな原因になっているので，将来精選したいと考えている。

【カテゴリーのみになれば，確かにスコアをチェックする際の手間が省けてスッキリするが，実際そのようにするためにはカテゴリーの組み替えが必要になること，どのような形でまとめるかが問題になり，全く別のカテゴリーを作成することになってしまうだろう。またスコアに関しては，同じカテゴリーの範疇にあってもレベルの違いがあるので，1 つにまとめることができない。たとえば，Abstraction and Card Impression のなかでも，カードに対する印象を述べる direct affective response（ex.「ああ，きれいだ」）と kinetische Deskription（ex.「中央は回転している」）とではかなりレベルの相違があり，後者は自我障害が強くうかがわれるスコアである】

4）An.：スコア数について，「0」「少し」「多い」という分類にはできないか？
　　We：今までそのように考えたことがなかった。

【Andronikof 先生の提案は確かに１つの方法かもしれない。総スコア数の多い人はそのように分類することが可能であり，「0」から「多い」スコアまでの特徴が見出せ，結果がシンプルになろう。だが，単に数量的に決めてしまうと，総スコアが少ない人はどれも「少ない」か「0」という分類に入ってしまう可能性があり，特徴が明確にならないかもしれない。臨床的には少ないスコアのなかでも重要なサインがあらわれることがあり，数の多少では判断できない。また，どの程度を「多い」，「少ない」の基準にするかについては資料を多く集めなければ決定できないだろう。
　ただ，同じく名大法にある「感情カテゴリー」は，Neutral 感情を除いた感情カテゴリー内での％を挙げて比較できるようにしており，少ないスコア間での相対的な比較が可能である。絶対数を比較するのではなく，比率を出すというまとめ方も考慮に値する】

5）An.：反応する前にカードの印象を言うことにどういう意味があるのか？
　　We：本カテゴリーには，card impression, direct affective response などのスコアがあり，反応になる前の被検者の気持ちがあらわれたり，反応を出せない故にカードの印象だけを述べたりといったロールシャッハ状況でのあらわれがある。これもその人の思考過程やコミュニケーションスタイルを知るうえで重要な情報であり，本カテゴリーはそれをすくい上げている。

【言葉が発せられるときには，その前に言葉になる以前の思いがあり，言葉で表現されても不十分で思いを尽くせない言葉以後の部分があるものである。ロールシャッハ法にも反応以前と反応以後の表現が存在する。それらをとらえる一助として，本カテゴリーでは反応以外の言葉や行動をスコアにしている。ただ，被検者のすべての言動をカテゴライズすることもできず，Inappropriate Behavior などは，このカテゴリーつで「不適切な行動」をすべて含んでおり，

その意味については個別に判断する必要がある】

6) An.：カテゴリーの意味内容に，認知，コミュニケーション，感情が混ざっているのはなぜか。同じカテゴリー内にあるが，メカニズムが違うのではないか？　たとえば，card description（カードへの言及）と symmetry remark（対称性の指摘）は同じカテゴリー（Constrictive Attitude）に入っているが，意味合いが違うのではないか？

　We：私たちもその通りであると考えている。13のカテゴリーは，病態水準の軽いものから重いものへと並べる努力はなされていたようだが，心的なメカニズムを考えると，認知的な側面，感情的側面，コミュニケーションのあり方など，さまざまな要因が重なっている。このカテゴリーを作成した植元は，完成させずに夭逝したために洗練されていない面が残されており，私たちがめざすところもそれらの整理，統合にある。

【先生がおっしゃったことはよくわかるところである。"カードへの言及"というところでは同じであっても，symmetry remark では強迫的心性がその動機となっており，color description は感情的な問題，あるいは色彩ショックがあり，card description では知性化の防衛が働いているとされる。あるいは同じ Constrictive Attitude カテゴリーで，oligophrenic detail response（平凡反応を全体像として見ず，一部分しか指摘しないもの）は強い不安感や貧弱な構成能力を示すとされ，水準としては一番低い。このカテゴリーは"カードへの言及"という枠組みによってまとめられており，必ずしも要因別に分けられてはいないのである。

　第6章で述べているように，それらを別の形でまとめることも可能である。そこでは認知・思考，感情，コミュニケーションという3つの視点からスコアの整理をして，限定づけ・修飾に関するスコアの系列化の試みを紹介した】

7) An.：状況は了解した。カテゴリー間に差があるのはわかるが，きれいに分類できていないので変更した方がいいと思う。これから先の進め方と

して，2つの方法があるだろう。一つは conceptual approach で，もう一つは empirical approach である。conceptual approach は一番経済的で効率がよい。コンセプトがないと時間も手間もかかり，ロスが大きい。

We：それはよくわかるが，大幅な改変となる可能性がある。歴史的な背景があり，カテゴリーがオーソライズされているなどの問題があり，困難が伴う。

An.：そうすると，結局有用性の低いものになる。

We：重要な指摘であり，私たちも努力したい。

8) An.：これは MMPI のようなプロフィールを作ることができると思う。たとえばこのようなものである。

＜実際メモ紙に図を書かれる＞

We：これはとてもよいアイディアだと思うので，考えてみたい。

【私たちはいくつかのカテゴリーの組み合わせが，その病理群の特徴をあらわしているという仮説を持っており，先生のアドバイスのような形で整理してみることは興味深い。TEG などでも曲線パターンによって性格類型が判定できるように，目に見える形で判定ができれば，その特徴がわかりやすいと考えられる。ロールシャッハ法の形式分析でもスコアをダイアグラムにすることは行われているところである。ただ，カテゴリーが 13 あるので，曲線パターンは複雑になることが考えられる。また，逆に 1 個もスコアされないカテゴリーがあることも大事な指標であることを忘れてはならないだろう。

ちなみに，私たちが行った境界性パーソナリティ障害の 4 事例研究においてカテゴリー別にグラフにしたのが図 7-1 である。それによると，視覚的に Defensive Attitude, Fabulization Response, Arbitrary Thinking の 3 項目が突出していることがみてとれ，特に Fabulization Response が多いことがわかる。また事例 J は Defensive Attitude が少なく，他の 3 事例とは異なる。このようなグラフの形が病態ごとに明確になれば，特徴がよりとらえやすいといえる】

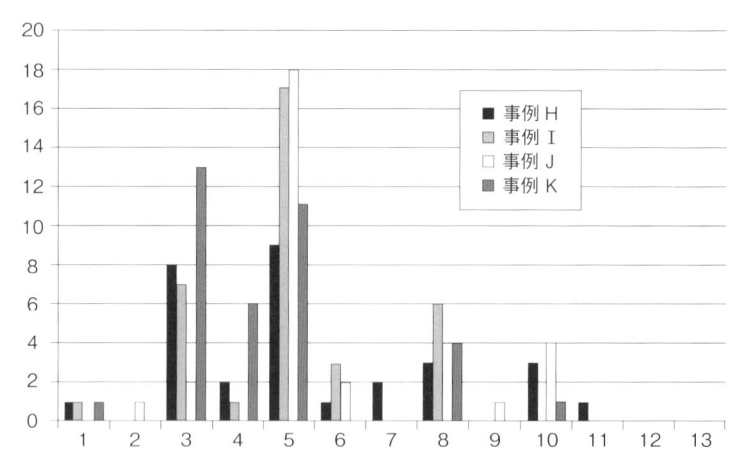

```
20
18
16                  ■ 事例 H
14                  ■ 事例 I
                    □ 事例 J
12                  ■ 事例 K
10
 8
 6
 4
 2
 0
   1  2  3  4  5  6  7  8  9 10 11 12 13
```

1 Constrictive Attitude
2 Abstraction and Card Impression
3 Defensive Attitude
4 Obsessive and Circumstantial Response
5 Fablization Response
6 Associative Debilitation and "Labile Bewußtseinslage"
7 Repetition
8 Arbitrary Thinking
9 Autistic Thinking
10 Personal Response and Ego-boundary Disturbance
11 Verbal Strangeness
12 Association-Looseness
13 Inappropriate Behavior

図7-1　境界性パーソナリティ障害4事例のカテゴリー別出現頻度

境界性パーソナリティ障害と解離性障害の事例を説明

　境界性パーソナリティ障害の事例と国際ロールシャッハ学会（バルセロナ）で発表した解離性障害の研究を紹介し，具体的にどのようにカテゴリーがチェックされるのか，また私たちは異なったカテゴリーの組み合わせが，病態のあり様をよく示していることを伝えた．

1) An.：解離についてのこれらのケースはどこが似ているのか？
　　We：4事例のうち3事例はカテゴリーのあらわれが似ている．あとの1事例は傾向が異なっており，カテゴリーのチェック数が少ない．同じ解離でも意識の解離ではなく，解離性同一性障害の事例であり，この結

果は本人格のプロトコルなので，解離されてしまっている部分がロールシャッハ上にあらわれていないと考えられる。

【国際ロールシャッハ学会においても，司会者の Husain 先生から，4 事例のうち 1 事例だけスコアが少なくて傾向が異なるのではないかという質問があった。この 1 事例は解離性同一性障害の事例であり，固い人格であった本人格の傾向があらわれ，解離された交代人格の部分はまったくロールシャッハ上にはあらわれていなかった。

他の 3 事例のうち 2 事例は興奮時の一時的な意識消失，1 事例は心因性遁走の事例で 1 週間記憶が途絶した事例であり，ロールシャッハでは作話的な反応などスコア数が多く，一定の特徴がみられた。解離の問題に関して，人格にまで及ぶタイプとそうでないものについての相違が，本カテゴリー上にもあらわれていると考えられる】

2) An.：Lerner が primary level, secondery level といっているのと同じ問題がある。重みづけの違いを数値化して，どのくらいの違いがあるか，絶対値の幅がわかるようにするとよいと思う。Arbitrary Thinking カテゴリーはとても primary である。
　We：同じ 1 つのカテゴリーにおいても病理によって違う例があり，たとえば同じ personal experience というスコアが出されても病理の重さで相違がある。それを私たちは記述している。そして個々のスコアではなく，いくつかのカテゴリーの組合せがその病理をあらわしているのではないかと考えている。たとえば，境界性パーソナリティ障害の場合，Defensive Attitude, Fabulization Response, Arbitrary Thinking の 3 種の組合せの出現が特徴として考えられ，Autistic Thinking などは出てこない。これらがその病理をよくあらわしていると考えている。

3) An.：わかった。統合失調症についてもいえることがあるか？
　We：軽症の統合失調症の場合には Repetition, Autistic Thinking, Association-Looseness などのカテゴリーが出現する。

An.：本当にそういえるのか？
　We：経験的に述べている。
　An.：仮説なのか？
　We：その通りである。

【これらの仮説を立てるためには背景にある病理やメカニズムについて考える必要がある。境界性パーソナリティ障害や外来治療水準の統合失調症など，病態水準の違う症例を通して経験的に特徴を述べているのであるが，別のもっと多くの病態の事例を蓄積する必要がある。

　今ひとつ，拠って立つ理論的な背景として，名大法は精神分析の影響を強く受けているが，そのほかに現象学や精神病理学の影響などもあり，実際臨床的に実践している人たちはユング派も多い。決まった1つの立場が取りにくい事情もあるので，共通する基盤についての議論も必要であろう。少なくとも，前述したようなスコアに内在化する認知面，思考面，感情面，対人関係面などのメカニズムを整理するなかで，何が説明可能なのか，どのような事柄が立場によって食い違う可能性があるのかを明確化する必要があろう】

広汎性発達障害に関する研究

　アスペルガー症候群の事例において思考・言語カテゴリーで問題になる特徴について発見があったと述べると，先生からは「アスペルガーはアプローチが非常に難しい。心理アセスメントの質的分析が重要であると感じている」とのコメントがあった。

　2事例の成人のアスペルガー症例を提示して，その反応の特異性について，特に「正確さ，本物へのこだわり」について詳しく説明した。そしてこれは思考・言語カテゴリー上の特徴であり，前述した「同じ1つのカテゴリーにおいても病理によって違う」という例でもある。

　知的に高い自閉性障害の事例で，1事例では「△△半島」という反応を何枚かのカードにわたって繰り返し出しており，それに対して perseveration がチェックできる。これは"地理で習ったもの"と言っているので，personal experience もチェックできる。しかし，カードが進むにつれて「どれが本当

の△△半島なのか！？」と混乱してきてしまう。そして「これが何かのマークならいいのに」「シミだからわからない」というようになり，「これは取り消して，こっちの方が△△半島だ」と反応を訂正することがみられた。

1) An.：大変特異な例であると思う。彼は△△半島のイメージをもっていて，それがカードと適合するかどうか見ている。とても興味深い。質疑段階はどうだったか？
   We：自由反応段階で答えたものである。
   An.：初めて聞いた。珍しい事例で興味深い。
   We：これは現在の思考・言語カテゴリーでそのままチェックできるスコアがなく，また付け加えないといけないかもしれない。カテゴリーがまた増えてしまうのは難点であるが。しかし1つの反応がいくつかのスコアを含むことがある。先生は「特異である」と言われたが，スコアリングするとそのことでもともと内包されていた意味が失われることがある。この場合，perseveration のみでは意味が失われてしまうであろう。このようなことを考えると，量的分析をすることができず，私たちは今のような質的分析をしている。また，このような意味を包含するために，1つの反応に対してスコアが複数つけられることもある。
   An.：事例を多く集めることが必要であると思う。
   We：現在統合失調症，摂食障害，人格障害などを集めており，順次広げていく予定である。

【カテゴリーをもっと整理して簡略化した方が実践的には使用しやすいのだが，この例をみても，まとめ方についてのより突っ込んだ議論が必要であることがわかる。多くの事例を集める必要があることについてはもっともである。だが，私たちの研究の方向性として，数を集めるといっても，今までは事例研究の延長としての収集であり，数量的解釈ができるほどの事例を集めてきたわけではない。むしろ数量的な解釈をしてしまうと，その特徴が失われてしまうような，個別の本質的な意味合いを汲み取っていく解釈を可能とするような方

向で進めてきているといえる。これらは車の両輪のように双方必要といえ、カテゴリーの全体をきちんと整理してまとめていくためには重要なことである。

　もともと本カテゴリーは他のカテゴリーのように数量化して判断するのではなく、個別の事例について、どのような特徴がその人らしいのか、本カテゴリーをチェックすることで、その意味とともに明らかにする意図があった。しかし、たとえば被検者がカードを見るたびに「気持ち悪いカードですね」と言い続けてチェック数が多くなれば、やはり新奇刺激に対する不安や抵抗感は強いと考えざるを得ないであろう。数量も大事な指標である。私たちはこの数量化の問題をもち込んだので、本カテゴリーに馴染まない部分をあぶり出すことになった面もある。

　植元（1974）は、このカテゴリー作成にあたって、「臨床的適用に有用であるようにするためには二つの方向」があり、「量化が可能な方向に研究を進めていく方向と、もう一つは各プロトコルの微細な点まで採り入れ（未だスコア化されていない）、臨床的症例研究において供しうるようにすることである」とした。そして「あえて後者を選び、量化、簡便化を犠牲にし、反面スコア化するように試みることによって名人芸的な解釈の主観性を離れようとした」と述べている。私たちもそれに賛同するものであるが、このためにスコアリングの名人芸的な部分が残されて、使用しにくい原因にもなっている。私たちは二律背反のジレンマを抱えているといえる】

まとめと課題

　今まで述べてきたように、私たちの現在までの研究を示しながら討論を進めた結果、Andronikof 先生からは、さまざまな事例群の独特の表現をどのようにしてカテゴリーに分類するのか、現在得られているデータから仮説を立て、それをもとに新しいカテゴリーを作ったり、現在のカテゴリーを変えたりすることが必要との助言があった。そのためには、カテゴリーのコンセプトを再検討する必要があるだろうとの指摘を受けた。私たちはカテゴリー変更に関する制約があることを伝えたが、「変えられなければ有用性が低いものになる」との言もあり、早急にそれを解決する必要があることが再認識された。

　そして思考・言語カテゴリーのデータのまとめかたについて、重みづけの違

いを数値化し，どのくらいの違いがあるのか，絶対値の幅がわかるようにしたら効果的であると示唆された。さらに誰が見ても理解しやすいような，たとえば MMPI のようなプロフィール化をすることを検討してみてはどうかという提案がなされた。また，現在の症例数では少ないので，今後症例数を増やしていくことが非常に重要であることを強調された。私たちは今回いただいた貴重な助言を生かして検討していく旨をお伝えした。

　もう1つの大きな問題は，本カテゴリーのスコア数の多さである。13 カテゴリーに 86 スコアは多すぎて実践的には使いづらい。煩雑すぎて困るというのが最初からの課題であった。しかし，これは Andronikof 先生にどのくらい減らしたら良いのかとうかがうのもおかしいと思い，あえて聞かずに帰って来たのである。取捨選択はこちらの仕事なのであるから，やはり自分たちで考えるべき問題だと思う。もしお尋ねするとしたら，その下案ができたときであろう。

　カテゴリー数に関しては，同じ名大法にある「感情カテゴリー」が，カテゴリーは 7 種，スコアが 57 個ある。スコアの内訳は，Hostility 10 個，Anxiety 13 個，Bodily Preoccupation 8 個，Dependency 9 個，Positive Feeling 10 個，Miscellaneous 6 個，Neutral 1 個となっている。このなかで Neutral はスコアがないし，Miscellaneous は判別しにくいものを収納しているので，主要な部分はその他の 5 つのカテゴリーになる。ここに含まれるスコアは合計 50 個である。実際使用していてこの程度の数なら比較的使いやすい。目安としてこのぐらいになれば好ましいが，もちろん数だけで帳尻あわせをすることはできない。

　思考・言語カテゴリーの中でも，Abstraction and Card Impression の中に Synästhesie というスコアがあり，植元論文では「視知覚を通しての反応形成に際して，ほかの知覚領域の感覚が共感として生じてくる場合」であり，「非常にまれな反応であって，私たちの資料に 1 つチェックしたに過ぎないので，これ以上心理学的，臨床的意味を述べることはできない」とされている。チェックされたことはあるにしても，実用的な価値はあまりないと思われる。このようなスコアは，感情カテゴリーの Miscellaneous などと同じような扱いをし，まとめておいて考察は個別にするという形がよいかもしれない。

　さて，私たちは本カテゴリー研究を通して，さまざまな議論を重ねながらその有用性や欠点について考えてきた。そこで気がつくのは，Lacan を持ち出す

までもなく，言葉がないところには世界がないことである。たとえば，フランスでは蝶と蛾の区別はなく，"Papillon"という名称で両方を表している。フランスの辞典を見ると（Le Petit Larousse 2008. Paris, Larousse, 2007. p739），"Papillon"の例として写真が並んでいるが，確かに蝶と蛾が同じサンプルとして並んでいる。ロールシャッハ法でのポピュラー反応は「蝶」でも「蛾」でも区別しないということになる。フランスにはその種の虫があまりいないので区別などしていないらしい。他方で，イヌイットが新雪，根雪，氷になった雪などに別の名称をつけていたり，世界にはさまざまな言葉や名称の区切り方が存在する。言葉が生み出されたところからそれは存在するので，私たちも本カテゴリーがなければ注意しなかったような言葉や反応に気を止め，その意味を考えるようになった。この感受性の高まりは，本カテゴリーが存在したことによる効果であると思う。その意味で本カテゴリーが私たちのロールシャッハ法における技能を高めてくれたことは間違いない。

　そして，Andronikof先生との充実した豊穣な時間は瞬く間に過ぎた。名残惜しくはあったが，先生の研究室を辞する時，最後に私たちが「このカテゴリーは国際的に通用するものでしょうか？」との質問を投げかけると，先生は「とても興味を持ちました。ぜひ国際学会で発表してください」と言ってくださった。私たちは本カテゴリーの有用性を理解していただいたことを認識し，自信をもつことができた。討議の内容からも今後の方向性がより明確になったと感じている。

　今回，先生は討議の内容を本に掲載することも快諾してくださり，「それは光栄です」という言葉もいただくことができた。この紙面を借りてあらためて深く御礼申し上げたい。

終　章

　凛とした冷たさが暁の空気を包む中，私は早朝に臨床先へと出かける。ようやく私たちの長年の積み重ねが一つの形になろうとしている。この終章をどのような言葉で結ぼうかとあふれる思いにふけりながら鉄道，飛行機へと乗り継いで行った。

　ロールシャッハ法の魅力を教えて下さったのは私たちの師，故村上英治教授であった。名古屋大学教育学部で当時行われていた朝から3時間の投映法実習は，厳しい臨床実践の現場を突きつけられる「プロの技術を会得する場」であった。同時に，私たちにとっては，人の心の理解にせまる，とても魅力的な授業であった。ロールシャッハ法であり，「テスト」ではない。クライエントさんと向き合い，彼らの治療にとって最も適切な「見立て」の作業のために，「面接」と同じようなかかわりをしつつ，アセスメントをしていく専門的技術を学んでいったのである。しかし，形式分析によるスコアリングだけでは，十分に理解できない問題を抱えた人とも相対することがある。もちろん分析，解釈にはカードごとの反応の継起を理解していく継列分析や被検査者の語る反応のテーマを理解していく内容，テーマ分析も重要になるのはいうまでもない。しかしこれらの分析により厚みを加えてくれるものが必要であった。それが思考・言語カテゴリーであった。

　思考・言語カテゴリーは，名大法のマニュアルの中にありながらも「難解」とされ，学部の授業ではその紹介でとどまっていた。私は当時，大学院での学びを終え，複雑に入り組んだ精神病状態の初期症状や，パーソナリティ障害の「見立て」について，その治療関係をも見通した多角的に理解できるアプローチを求めていた。それで，このカテゴリーをより臨床的に活用できることが重要なことと思われた。

　思い起こすこと20年前の1990年，森田美弥子と杉村（堀内）和美と髙橋

（城野）靖恵を中心として「名大ロールシャッハ研究会」がたちあがった。目的は，思考・言語カテゴリーの臨床的有用性を高め，より利用しやすくするための「共同研究」を進めることであった。「勉強会」ではなく，「臨床実践の共同研究をする会」であることとしたいという思いが強かった。最初の発表は「1990年度名古屋ロールシャッハ研究会」において，「自己愛人格障害のロールシャッハ反応」と題して発表を行い，それをふまえて1991年日本心理臨床学会での本格的な研究発表デビューとなった。当時の発表は，巻末にまとめた私たちの発表に関する一覧の最初に掲げたものであるが，堀内和美・星野和実・森田美弥子・池田博和・吉井建治・城野靖恵・石川雅健によって行われた。

　それからほぼ毎年，学会発表を行い，ゆっくりではあったが「足跡」を残してきた。私の記憶に誤りがなければ，3回合宿も行った。夜を徹して図表の作成，スコアの系列についての議論が行われた。森田美弥子を除いて，それぞれが名古屋大学を去り，就職をして新たな活動拠点を得た。名古屋から遠く離れ，九州，関西，北海道とメンバーが離れることもあった。しかしそれでも，学会や研修会の機会を使って集まり，検討会を行っていった。学会発表だけで終わらないために，しっかりと役割を決めて執筆分担をした上で，学会誌への投稿論文にまとめていった。その作業はとても長く，苦労のつきないものであったが，必ずメンバー全員の検討を経て多くの論文をまとめることができたことは心からの喜びと思っている。

　そして，私はこの秋，本書の初校を待つ間に，長年切望してきた「ロールシャッハミュージアム（スイス・ベルンの The Hermann Rorschach Archives and Museum）」への探訪が叶った。私たちのメンバーでは，すでに森田美弥子が，国際ロールシャッハ学会の研修会でそこへの訪問が叶っていた。今回の私たちの訪問は，髙橋靖恵が代表として進めてきた科学研究費補助金によるもので，共同研究者の髙橋昇，研究協力者で現在タビストッククリニックに学ぶ河本緑氏，福岡市油山病院の常勤臨床心理士長崎千夏氏らに同行いただいた。そこでは，ヘルマン・ロールシャッハ自身の人生やロールシャッハ図版の作成にまつわる大変な道程を垣間見ることができた。ミュージアムの管理をして下さっている Rita Signer 氏には，長時間にわたって大変丁寧な解説をしていただいた。ヘルマン・ロールシャッハ先生は，ロールシャッハ法の分析における，

被検査者の基本的な認知機能を理解するために人間の動きを表す図を示してどのように理解するかを把握したり，色彩を認知すれば蛙に見えるが，形態に着目すれば猫に見える図を作成し「体験型」の解釈へとつなげたりするような作業も緻密に行っていた。しかし，そうした緻密な分析を目指す氏の臨床実践活動では，彼自身や病院スタッフや患者さんたちのシルエットを見事に作成し，それをもとにして病棟でのクリスマスパーティで影絵や寸劇などをしていたということであった。一方的なテストにとどまらない，かかわりを大切にしながらの実践活動が行われていたことに，私たちは深く感銘を受けた。ちょうど本書をまとめていた私たちは，あらためてそのロールシャッハ法の在り方を見直し，私たちが大切に思ってきたことは，この技法の開発時から育まれていたことかも知れないと思うに至った。

そして，平成21年の年末も押しせまり，新たな年を迎えようとしている。街角にクリスマスの音楽が流れる時，森田美弥子と髙橋靖恵の両名で，ほぼ最終チェックともいえるすべての原稿のチェックを行った。これが，私たちの20年間の集大成といってよいのだろうか，いやまだまだここには語り尽くせない熱い議論とファイルに一杯のケース資料がある。私たちの仕事はやはり今始まったばかりではないかと思う。ここに入りきれない議論の蓄積を超えて，そしてまた時代を経て，新たな心の問題の理解，心理療法への道筋，その途中の変化など「見立て」の作業のためには，「ロールシャッハ法」も含めて日々の実践活動が貴重な積み重ねとなる。そうした思いを抱きながら，私も，そしてこの作業を共にした仲間たちも，また困難な「心の問題」と向き合う実践活動を続けている。それは，私たちがこの仕事を離れるまで，ずっと続く道のりなのであろう。ここに至って私たちは，ようやく一つの節目にたどり着いたに過ぎないのかも知れない。このような書籍をここでまとめることで，本当にクライエントさんに役立つ心理臨床の実践は，そして「臨床の心」の探求は，こうした地道な作業の積み重ねであり，多くの方々との協働作業によるものであることを，あらためて万感を込めて伝えたいと心から思う。

本書が，まだ心理臨床のアセスメントについて学び始めた学生さんたちに，またこれからさまざまな問題を抱えたクライエントさんたちとかかわっていく若い臨床心理士の方々にも，そしてもちろん，私たちと同様，指導者の役割と

同時に臨床実践活動において，複雑な心の難題と対峙している専門家の方々にも，有益なものとなるように願ってやまない。

　最後に，本書の作成には大変たくさんの方々にお世話になりました。各章にも掲げたところがあり，重複するところもありますが，ここに謝辞を述べさせていただきます。

　まずは，私たちの研究の仲間であり，共に学会などでの発表をしてきた池田豊應先生，石川雅健先生，長野郁也先生，星野和実先生，吉井健治先生に心からお礼申し上げます。とりわけ，長野郁也先生と星野和実先生は，長年にわたって共に研究活動を行って下さいました。

　各章にまとめたそれぞれの研究を進めるにあたっては，その分析補助，データ入力，資料収集などに，岩井志保さん，大橋陽子さん，加藤麻由美さん，鈴木あゆみさん，鈴木慶子さん，鈴木ゆかりさん，高村洋子さん，富田真弓さん，服部香子さん，濱田祥子さん，原口友和さん，本嶋可奈子さん，山内星子さんにご協力をいただきました。神尾陽子先生，稲田尚子先生，河本緑先生，長崎千夏先生，西見奈子先生，吉岡和子先生，髙橋剛生さんには，事例の協力および資料収集や海外での研究検討会にて大変お世話になりました。皆様には，あらためましてお礼を申し上げます。

　本書の出版にあたっては，ナカニシヤ出版の宍倉由高編集長および同編集者山本あかね様には，大変お世話になりました。私たちの思いのこもった書籍の作成に丁寧におつきあいいただきました。ここに深謝申し上げます。

　この20年の間には，それぞれのメンバーが職場を異動したり家族が増えたりなどの変化もありました。私たちの活動を常に，あたたかく見守って下さいました皆様，ご協力いただいたクライエントの皆様，そして，それぞれのメンバーを支えて下さった家族に心から感謝の意を表します。

　そして，私たちにロールシャッハ法の魅力をご教示下さいました故村上英治先生に本書を捧げたいと思います。

　　　　　　　　　　　　　　　平成 21 年　年の瀬に　　20 年の思いを込めて

[参考]
名大式ロールシャッハ法　感情カテゴリー (Affective Symbolism)

ロールシャッハ反応の内容 (Content) に反映されている感情的価値 (affective value), 感情表現に注目し, 量化することによって, 個人の感情の構造を明らかにしようとするもの。たとえば, カードⅢで, 「2人が楽しく踊っている」D1+1, Ma+, H, P, Prec と「2人が言い争っている」D1+1, Ma+, H, P, HH のように, Location, Determinant, Content においては相違がないが, その感情負荷に注目することによって反応の特徴を生かすことが可能になる。スコアは, 意識にのぼっている直接的・表面的なものから無意識的・象徴的なものまでを含んでいる。

カテゴリー	スコア
Hostility	Hor (oral), Hdpr (depreciative), HH (direct), Hcmpt (competitive), Hh (indirect), Hha (ind.host-anxious), Hhat (tense), Hhad (distorted), Hsm (sado-masoch.), Hden (denial of host.)
Anxiety	Acnph (counterphobic), Aobs (obsessive), Adef (defensive), Aev (evasive), Adif (diffuse), Agl (depressive), Adis (disgust), Abal (unbalanced), Acon (confused), Asex (sex confusion), Adeh (dehumanized), Athr (threatening), Afant (fantastic, strange)
Bodily Preoccupation	Bb (bone), Bf (flesh), Bn (neural), Bs (sexual anatomy), Bso (sexual organ), Ban (anal), Bdi (disease), Bch (child birth)
Dependency	Df (fetal), Dor (oral), Dcl (clinging), Dsec (security), Dch (childish), Dlo (longing), Drel (religion), Daut (authority), Dsub (submissive)
Positive Feeling	Por (oral), Ps (sensual), Pch (childish), Prec (recreation), Pnat (nature), Porn (ornament), Pst (striving), Pnar (narcissistic), Pcpt (co-operative), Pden (denial of pos.)
Miscellaneous	Mor (oral), Man (anal), Msex (sex), Mpret (pretentious), Mgrand (grandiose), Mi (indefinite)
Neutral	N

スコアリング：1つの反応に対して, ブレンドは原則3つまで。ただし, 「N」は必ず単独になる。
指標：① neutral な反応が, 総反応数のうち, どれくらいを占めるか。
　　　$N\% = N / R \times 100$　　[通常は40%前後]
② 各 Affect が, Affect 全体の中で, 相対的にどれくらいを占めるか。(Affect 総数 = Hostility + Anxiety + Bodily + Dependency + Positive + Miscellaneous の合計)
　　　Hostility% = Hostility / Affect 総数 × 100
　　　Anxiety% = Anxiety / Affect 総数 × 100
　　　Bodily% = Bodily / Affect 総数 × 100
　　　Total Unpleasant% = (Hostility + Anxiety + Bodily) / Affect 総数 × 100
　　　Dependency% = Dependency / Affect 総数 × 100
　　　Positive% = Positive / Affect 総数 × 100
　　　Miscellaneous% = Miscellaneous / Affect 総数 × 100

文　献

1. 名古屋大学式ロールシャッハ法および「思考・言語カテゴリー」に関する文献

植元行男（1974）ロールシャッハ・テストを媒介として，思考，言語表現，反応態度をとらえる分析枠の考察とその精神病理研究上の意義　ロールシャッハ研究．XV・XVI　281-343.

村上英治・土川隆史・池田博和・譲　西賢・服部孝子・三和啓二・田形修一・細野純子・真栄城輝明・本城恵子・杉本好行・髙橋　昇・広瀬美弥子・野村真理子・茂木正裕（1980）ロールシャッハ技法における「思考・言語カテゴリー」の再検討（その1～6）　東海心理学会第29回大会発表論文集．19-24.

村上英治（研究代表）（1980）名大式ロールシャッハ技法における「思考・言語カテゴリー」の再構成　昭和55年度科学研究費補助金（一般研究C）研究成果報告書

名古屋ロールシャッハ研究会（編）（1999）ロールシャッハ法解説―名古屋大学式技法―

村松常雄・村上英治（1958）名大スケール　戸川行男他（監修）　ロールシャッハ・テスト（1）（心理診断法双書　第1期3巻）　中山書店．197-221.

2. 本研究グループのメンバーによる研究成果

統合失調症

城野靖恵・長野郁也・森田美弥子・髙橋　昇・杉村和美・星野和実（1993）名大式ロールシャッハ法における思考・言語カテゴリーの検討（Ⅱ）―外来分裂病者の特徴　日本心理臨床学会第12回大会発表論文集．294-295.

森田美弥子・髙橋靖恵・中原睦美・杉村和美・長野郁也・髙橋　昇（2000）名大式ロールシャッハ法における思考・言語カテゴリーの検討（Ⅶ）―慢性分裂病者の特徴―　日本心理臨床学会第19回大会発表論文集

髙橋靖恵・髙橋　昇・森田美弥子・杉村和美・中原睦美（2001）ロールシャッハ技法における思考・言語カテゴリーの臨床的適用Ⅱ―外来分裂病による検討―　日本ロールシャッハ学会第5回大会抄録集．50-51.

境界性パーソナリティ障害

髙橋　昇・城野靖恵・森田美弥子・長野郁也・堀内和美（1992）境界人格障害者のロー

ルシャッハテスト:名大式感情・思考言語カテゴリーによる検討 日本心理臨床学会第11回大会発表論文集, 472-473.
髙橋　昇・城野靖恵・杉村和美・星野和実・森田美弥子・長野郁也 (1995) 境界人格障害者のロールシャッハテスト:名大式『思考・言語カテゴリー』による検討 心理臨床学研究, **12** (4), 368-377.
髙橋　昇・森田美弥子・杉村和美・髙橋靖恵・長野郁也・中原睦美 (1998) 名大式ロールシャッハ法における思考・言語カテゴリーの検討 (Ⅵ) ―境界例の特徴と心理療法上での現れをめぐって　日本心理臨床学会第17回大会発表論文集, 256-257.
髙橋　昇・森田美弥子・杉村和美・髙橋靖恵・長野郁也・中原睦美 (2001) 名大式ロールシャッハ法における思考・言語カテゴリーの臨床的適用:ある境界人格障害者の事例を通して　心理臨床学研究, **19** (4), 365-374.
中原睦美・髙橋　昇・長野郁也・杉村和美・髙橋靖恵・森田美弥子 (1997) 名大式ロールシャッハ技法における思考・言語カテゴリーの臨床的適用―コミュニケーションスタイルの検討　日本ロールシャッハ学会第1回大会抄録集, 22-23.

自己愛性パーソナリティ障害

堀内和美・星野和実・森田美弥子・池田博和・吉井健治・城野靖恵・石川雅健 (1991) 自己愛人格障害のロールシャッハ反応　日本心理臨床学会第10回大会発表論文集, 344-345.

発達障害

髙橋靖恵・神尾陽子 (2003) 青年期アスペルガー症候群のコミュニケーション特徴―ロールシャッハ法による検討― 第44回日本児童青年精神医学会総会抄録集, 138.
本嶋可奈子・富田真弓・鈴木慶子・髙橋靖恵 (2007) ロールシャッハ法によるアスペルガー症候群の理解―認知的特徴と対人関係を中心として― 日本ロールシャッハ学会第11回大会抄録集
髙橋靖恵・神尾陽子 (2008) 青年期アスペルガー症候群のロールシャッハ―高機能自閉症事例との比較検討― 心理臨床学研究, **26** (1), 46-58.
Takahashi, Y., Takahashi, N., Kamio, Y., Motojima, K., Tomita, M., Suzuki, K., & Morita, M. (2008) *Rorschach responses of adolescents with Asperger syndrome and high-functioning autism —Using "The Thinking Process and Communicating Styles Category (Nagoya University edition)"—*. XIX International Congress of Rorschach and Projective Methods (Catholic University of Leuven, Bergium).

解　離

髙橋　昇・杉村和美・髙橋靖恵・森田美弥子・中原睦美 (2004) 解離症状を示した事例

のロールシャッハ反応―名大式「思考・言語カテゴリー」を用いて― 日本ロールシャッハ学会第8回大会抄録集

Takahashi, N., Takahashi, Y., Morita, M., Nakahara, M., & Sugimura, K. (2005) *Study of the Rorschach Responses of Four Patients with Dissociative Symptoms, using the Thinking Process and Communicating Styles Category.* XVIII International Congress of Rorschach & Other Projective Methods (Universite de Barcelone, Spain), Abstracts, 334.

一般青年

星野和実・長野郁也・高橋　昇・森田美弥子・城野靖恵・杉村和美（1995）名大式ロールシャッハ法における思考・言語カテゴリーの検討（Ⅲ）―大学生を対象として　日本心理臨床学会第14回大会発表論文集, 374-375.

カテゴリーの検討

森田美弥子・長野郁也・杉村和美・髙橋靖恵・高橋　昇・中原睦美・星野和実（1996）名大式ロールシャッハ法における思考・言語カテゴリーの検討（Ⅳ）―反応の限定づけ・修飾のあり方に着目して　日本心理臨床学会第15回大会発表論文集, 68-69.

長野郁也・森田美弥子・髙橋靖恵・高橋　昇・杉村和美・中原睦美・星野和実（1997）名大式ロールシャッハ法における思考・言語カテゴリーの検討（Ⅴ）―作話・恣意的反応の再検討　日本心理臨床学会第16回大会発表論文集, 218-219.

森田美弥子・長野郁也・中原睦美・杉村和美・髙橋　昇・髙橋靖恵・星野和実（2001）ロールシャッハ反応における限定づけ・修飾の系列化―名大式「思考・言語カテゴリー」による検討―　心理臨床学研究, **19**（3）, 311-317.

Sugimura, K., Takahashi, Y., Morita, M., Takahashi, N., & Nakahara, M. (2002) *The Thinking Process and Communicating Styles Categories in Rorschach Test (Nagoya University Edition) and its Clinical Application.* XVII International Congress of Rorschach & Other Projective Methods (Pontificia Universita Lateranense, Italy).

3. 本文中の引用文献（1. および2. に掲載したものは除く）

秋谷たつ子（監修）（1998）ロールシャッハ法を学ぶ　金剛出版

浅井昌弘（1989）軽症分裂病の診断　臨床精神医学, **18**（8）, 1199-1205.

馬場禮子（1997）心理療法と心理検査　日本評論社

馬場禮子・加藤志ほ子・佐伯喜和子・餅田彰子・吉田直子 (1983) 境界例―ロールシャッハテストと精神療法　岩崎学術出版社

Blais, M. A., Hilsenroth, M. J., Fowler, J. C., & Conboy, C. A. (1999) A Rorschach exploration of the DSM-IV borderline personality disorder. *Journal of Clinical Psychology*, **55**, 563-572.

Blankenburg,W. (1971) *Der Verlust der natürlichen Selbstverständlichkeit*. Ferdinand Enke Verlag, Stuttgart. (木村　敏・岡本　進・島　弘嗣（訳）(1978) 自明性の喪失　分裂病の現象学　みすず書房)

Dykens, E., Volkmar, F., & Glick, M. (1991) Thought disorder in high functioning autistic adults. *Journal of Autism and Developmental Disorders*, **21**, 291-301.

Exner, J. E. (1978) *The Rorschach: A Comprehensive System II*. New York : John Wiley.

Exner, J. E. (1986) *The Rorschach: A Comprehensive System*. vol.1 (2nd ed.). (高橋雅春・高橋依子・田中富士夫（監訳）現代ロールシャッハ・テスト体系（上）　金剛出版)

福島　章 (1986) DSM-ⅢのPersonality Disorders―自己愛人格障害―　臨床精神医学, **15**, 187-193.

Ghaziuddin, M., Leininger, L., & Tsai, L. (1995) Brief report: Thought disorder in Asperger syndrome: Comparison with High-functioning Autism. *Journal of Autism and Developmental Disorders*, **25**, 311-317.

Grinker, R. R. (1973) Schizophrenic pathology in young adults. *Archives of General Psychiatry*, **28**, 168-175.

長谷川裕美子・庄野伸幸 (1995) ロールシャッハ・テストと心理療法の対照―抑うつ状態の1症例から―　特集：うつ病及びその周辺領域　ロールシャッハ研究, **37**, 41-54.

Hilsenroth, M. J., Fowler, J. C., Padawer, J. R., & Handler, L. (1997) Narcissism in the Rorschach revisited. *Psychological Assessment*, **9**, 113-121.

Hilsenroth, M. J., Handler, L., & Blais, M. A. (1996) Assessment of narcissistic personality disorder. *Clinical Psychology Review*, **16**, 655-683.

Holaday, M., Moak, J., & Shipley, M. A. (2001) Rorschach protocols from children and adolescents with Asperger's disorder. *Journal of Personality Assessment*, **76**, 482-495.

Holt, R. R., & Havael, J. (1960) A method for assessing primary and secondary process in the Rorschach. In Rickers-Ovsiankina, M. A. (Ed.), *Rorschach Psychology*. New York : John Wiley, 263-315.

Howlin, P. (2003) Outcome in high-functioning adults with autism with and without early language delays: Implications for the differentiation between autism and Asperger syndrome. *Journal of Autism and Developmental Disorders*, **33**, 3-13.

池田豊應（編）(1995) 臨床投映法入門　ナカニシヤ出版

井上晶子（1984）ロールシャッハ・テストからロールシャッハ面接へ　ロールシャッハ研究, **XXVI**, 13-26.

Jolliffe, T., & Baron-Cohen, S. (1999) A test of central coherence theory: Linguistic processing in high-functioning adults with autism or Asperger syndrome: Is local coherence impaired? *Cognition*, **71**, 149-185.

神尾陽子（2000）アスペルガー症候群：その概念の過去と現状　高木隆郎・Rutter, M.・Schopler, E.（編）自閉症と発達障害研究の進歩　Vol. 4　星和書店, 3-29.

神尾陽子（2003）私の治療法：高機能広汎性発達障害の診断と治療の実際　精神科治療学, **18**, 227-233.

神尾陽子（2005）成人の高機能自閉症・アスペルガー症候群の生活像　精神科, **7**（6）, 490-495.

Kamio, Y., Toichi, M. (2006) Memory illusion in high-functioning autism and Asperger's disorder. *Journal of Autism and Developmental Disorders*, **37**, 867-876.

笠原　嘉・金子寿子（1981）外来分裂病　藤縄　昭（編）　分裂病の精神病理10　東京大学出版会, 23-42.

笠原　嘉・加藤雄一（1982）ホックの偽神経症性分裂病　山中康裕・森　省二（編）現代のエスプリ175　境界例の精神病理　至文堂, 33-37.

片口安史・田頭寿子・高柳信子（1958）ロールシャッハ分裂病得点（RSS）　心研, **28**, 273-281.

片口安史（1961）臨床精神医学におけるロールシャッハ法の適用について　精神衛生研究, **9**, 1-23.

片口安史（1974）新・心理診断法　金子書房, 246-269.

片口安史（1987）改訂　新・心理診断法　金子書房

Kernberg, O. (1976) *Object Relations Theory and Clinical Psychoanalysis*. New York: Jason Aronson.

Kim, J. A., Szatmari, P., Bryson, S. E., Streiner, D. L., & Wilson, F. J. (2000) The prevalence of anxiety and mood problems among children with autism and Asperger syndrome. *Autism*, **4**, 117-132.

衣笠隆幸（2004）境界性パーソナリティ障害と発達障害：「重ね着症候群」について―治療的アプローチの違い―　精神科治療学, **19**（6）, 693-699.

Kleiger, J. H. (1999) *Disorderd Thinking and the Rorschach*. The Analytic Press.

Klopfer, B., & Spiegelman, M. (1953) Differential Diagnosis. In Klopfer, B., Ainsworth, M. D., Klopfer, W. G., & Holt, R. R., *Developments in the Rorschach Technique*, volume II. Fields of Application Harcourt Brace. Jovanovich, Publishers.

小波蔵安勝・木村美津子（1979）異常体感を主徴とする青年期分裂病性精神病の臨床的研究　精神医学, **21**（4）, 353-361.

Lerner, P. M. (1998)*Psychoanalytic Perspectives on the Rorschach*. (溝口純二・菊池道子（監訳） ロールシャッハ法と精神分析的視点（下） 金剛出版, 357-367.)

Lerner, P. M. (1991)*Psychoanalytic Theory and the Rorschach*. The Analytic Press.

Macintosh, K. E., & Dissnayake, C. (2004)Annotaion: The similarities and differences between autistic disorder and Asperger's disorder: A review of the empirical evidence. *Journal of Child Psychology and Psychiatry*, **45**, 421-434.

松瀬喜治（1990）ロールシャッハ・テストの治療的適用についての一考察—抑うつ感・劣等感・強迫症状を主訴とする男子大学生の心理治療を通して— ロールシャッハ研究, **32**, 1-20.

宮本忠雄・水野美紀（1989）分裂病の軽症化をめぐって 臨床精神医学, **18**（8）, 1187-1192.

明瀬光宜・内田裕之・辻井正次（2005）高機能広汎性発達障害のロールシャッハ反応（2）—反応様式の質的検討— ロールシャッハ法研究, **9**, 1-13.

長坂五郎・松岡昭（1955）精神分裂病におけるロールシャッハ・テストのpathological thinkingについて 日本心理学会第19回大会発表論文集, 107.

中林睦美・松本真理子（2003）アスペルガー障害に見られる心理検査の諸特徴—継続的援助との関連— 児童青年精神医学とその近接領域, **44**, 425-439.

中井久夫（1995）家族の深淵 みすず書房

仁平説子（2005）ロールシャッハテストから見た自閉性障害とアスペルガー障害の違い 日本自閉症スペクトラム学会第4回研究大会論文集, 70.

小笠原將之・竹内直子・川口裕子他（2004）成人のアスペルガー障害のロールシャッハ反応 日本ロールシャッハ学会第8回大会抄録集, 56-57.

Piotrowski, Z. A. (1940)Positive and negative Rorschach organic reactions. *Rorschach research exchange*, **4**, 147-151.

Phillips, L., & Smith, J. G. (1953)*Rorschach Interpretation: Advanced Technique*. The Psychological Corporation Harcourt Brace Jovanovich.

Rapaport, D. et al. (1945-1946)*Diagnostic Psychological Testing*. 2vols. 5th ed. Chicago: The Year Book Publishers.

Rapaport, D., Gill, M. M., & Schafer, R. (1968)*Diagnostic Psychological Testing*. (revised ed.)International Universities Press.

Rorschach, H.（鈴木睦夫（訳）（1998）新・完訳・精神診断学 金子書房）

佐伯喜和子（1984）ロールシャッハテストと精神療法の照合について ロールシャッハ研究, **XXVI**, 27-38.

Schachtel, E. G. (1966)*Experiencial Foundations of Rorschach's Test*. (空井健三・上芝功博（共訳）（1975）ロールシャッハ・テストの体験的基礎 みすず書房）

Schafer, R. (1954)*Psychoanalytic Interpretation in Rorschach Testing*. The Psychological Corporation Harcourt Brace Jovanovich.

Singer, M. T., & Larson, D. G. (1981) Borderline personality and the Rorschach test. *Archives of General Psychiatry*, **38**, 693-698.

辻 悟（1997）ロールシャッハ検査法―形式・構造解析に基づく解釈の理論と実際　金子書房

辻 悟（2008）治療精神医学の実践―心のホームとアウェイ　創元社

辻井正次・内田裕之（1999）高機能広汎性発達障害のロールシャッハ反応（1）―量的分析を中心に―　ロールシャッハ法研究, **3**, 12-23.

牛島定信（1991）境界例の臨床　金剛出版

渡辺智英夫・佐藤章夫・近藤三男（1990）自己愛人格障害をめぐって―亜型分類の試み―　精神医学, **32**, 129-137.

Watkins, J. G., & Stauffacher, J. C. (1952) An Index of Pathological Thinking in the Rorschach. *Journal of Projective Technique*, **16**, 276-286.

Zilboog, G. (1956) The Problem of Ambulatory Schizophrenia. *American Journal of Psychiatry*, **113**, 519-525.

以下の各章（節）は，それぞれ「心理臨床学研究」の下記論文に加筆修正を行いました。

4章1節

髙橋　昇・城野靖恵・杉村和美・星野和実・森田美弥子・長野郁也（1995）
境界人格障害者のロールシャッハテスト：名大式『思考・言語カテゴリー』による検討
心理臨床学研究, **12**（4）, 368-377.

4章2節

髙橋　昇・森田美弥子・杉村和美・髙橋靖恵・長野郁也・中原睦美（2001）
名大式ロールシャッハ法における思考・言語カテゴリーの臨床的適用：ある境界人格障害者の事例を通して
心理臨床学研究, **19**（4）, 365-374.

5章2節

髙橋靖恵・神尾陽子（2008）
青年期アスペルガー症候群のロールシャッハ―高機能自閉症事例との比較検討―
心理臨床学研究, **26**（1）, 46-58.

6章

森田美弥子・長野郁也・中原睦美・杉村和美・髙橋　昇・髙橋靖恵・星野和実（2001）

ロールシャッハ反応における限定づけ・修飾の系列化─名大式「思考・言語カテゴリー」による検討─
心理臨床学研究, **19** (3), 311-317.

　また，以下の各章は，それぞれ下記の研究助成を受けました。

3章，6章
2005〜2008年度科学研究費補助金　基盤（C）17530505（研究代表者　森田　美弥子）
2006年度　名古屋大学大学院教育発達科学研究科長裁量経費
2008年度　名古屋大学大学院教育発達科学研究科リサーチ・アシスタント経費

5章
2003〜2005年度科学研究費補助金　基盤（C）15530454（研究代表者　髙橋靖恵）
2006〜2009年度科学研究費補助金　基盤（B）18330147（研究代表者　髙橋靖恵）

7章
2006〜2009年度科学研究費補助金　基盤（B）18330147（研究代表者　髙橋靖恵）

思考・言語カテゴリーとそのスコア索引

A
Abstraction and Card Impression　13
additional response　15
affect ambivalency　18
affective elaboration　17
amnestic word finding　26
apathy in decision　19
apology　14
arbitrary belief　22
arbitrary combination　21
arbitrary discrimination　22
arbitrary linkage　22
arbitrary response　22
Arbitrary Thinking　21
Association-Looseness　27
Associative Debilitation and "Labile Bewußtseinslage"　18
autistic logic　24
Autistic Thinking　23
automatic phrase　20

B
blot relation　25

C
card description　12
changed response　15
color description　12
color naming　13
completeness compulsion　16
confabulation　24
Constrictive Attitude　10
contamination　24
contamination tendency　24
content-symbol combination　18
content-symbol fusion　23
contradiction　24
contrast remark　12

D
Defensive Attitude　14
definiteness　17
delusional belief　26
demur　15
denial　15
detail description　16
deterioration color　24
direct affective response　13

E
encouraged response　13
exactness limitation　16

F
Fabulization Response　17
fabulized combination　24
fabulized combination tendency　24
figure-background fusion　22
flight of idea　28
fluid　19
forgotten　19

H
hesitation in decision　16

I
impotence　19
impressionistic response　13
Inappropriate Behavior　28
incapacity of explanation　19
incoherence　28
indifference for verbalization　27
indifferentiation of percepts (responses)　19
irrelevant association　27

K
kinetische Deskription 14

L
loose association 28
loose combination 20

M
modified response 15

N
negative sentence 14
neologism 27

O
Obsessive and Circumstantial Response 16
obsessive discrimination 17
oligophrenic detail response 13
overdefiniteness 18
overdue relationship verbalization 22
overelaboration 18
overspecification 23

overspecification tendency 18

P
peculiar verbalization 27
perplexity 19
perseveration 20
personal belief 26
personal experience 26
Personal Response and Ego-boundary Disturbance 25
preoccupation 20
preoccupied response attitude 21
projection of color 23
provoked response 15

Q
question for instruction 15
question sentence 14

R
rationalization 21
rejection 12

Repetition 20
repetition tendency 20

S
secondary addition 15
symbolic response 13
symmetry remark 12
Synästhesie 14

T
transformation 25

U
utilization for illustration 26

V
vagueness 19
verbal slip 26
Verbal Strangeness 26
viewpoint fusion 23

人名索引

A
Andoronikof, A. 5, 143-154
浅井昌弘 56

B
馬場禮子 38, 67, 68, 75, 76, 98, 99, 101
Baron-Cohen, S. 108
Blais, M. A. 94

Blankenburg, W. 56

D
Dissnayake, C. 108
Dykens, E. 109

索　引

E
Exter, J. E.　　67, 77, 132

F
Freud, S.　　94
福島　章　　94

G
Ghaziuddin, M.　　109
Grinker, R. R.　　55

H
Havael, J.　　23
Hilsenroth, M. J.　　94
Hoch, P.　　54
Holaday, M.　　109
Holt, R. R.　　23
星野和実　　29, 32, 36, 37, 131
Howlin, P.　　108, 109, 112
Husain, O.　　149

I
池田豊應　　4, 38

J
Jolliffe, T.　　108

K
神尾陽子　　107, 108
金子寿子　　54-56, 133
笠原　嘉　　54-57, 133
片口安史　　43, 124, 128
加藤雄一　　54
Kernberg, O.　　68, 94
Kim, J. A.　　109
木村美津子　　55

衣笠隆幸　　107
Klopfer, B.　　21, 132
Kohut, H.　　94
小波蔵安勝　　55
近藤三男　　94

L
Lacan, J.　　154
Larson, D. G.　　68
Lerner, P. M.　　44, 132, 149

M
Macintosh, K. E.　　108
宮本忠雄　　56
水野美紀　　56
森田美弥子　　4, 29, 44, 89, 108, 120, 131, 140
村上英治　　1, 4, 9
村松常雄　　1, 9

N
長野郁也　　89, 91, 131
中林睦美　　109
中原睦美　　81, 131, 140
仁平説子　　109
中井久夫　　56

O
小笠原將之　　109

P
Phillips, L.　　21, 132
Piotrowski, Z. A.　　27

R
Rapaport, D.　　9, 10, 24,

43, 67, 68, 122, 132
Rorschach, H.　　2

S
佐伯喜和子　　93
佐藤章夫　　94
Schachtel, E. G.　　132
Schafer, R.　　132
Singer, M. T.　　68
Smith, J. G.　　21, 132
Stauffacher, J. C.　　43
杉村（堀内）和美　　75, 95, 131
鈴木睦夫　　2

T
髙橋　昇　　4, 5, 81, 90, 108, 131, 140, 143
髙橋（城野）靖恵　　5, 107, 108, 131, 143
Toichi, M.　　108
土川隆史　　4, 9
辻　悟　　38, 39, 132

U
植元行雄　　4, 5, 9, 10, 56, 57, 131, 135, 140, 152
牛島定信　　93

W
渡辺智英夫　　94
Watkins, J. G.　　43

Z
Zilboog, G.　　54, 55

＜執筆者一覧＞

森田美弥子
　　現所属：名古屋大学　大学院教育発達科学研究科・教授
　　著書等：
　「臨床心理査定研究セミナー」（編著）2007年　至文堂
　「子どものロールシャッハ反応－形態水準と反応内容－」（共著）2009年　金剛出版
　　担当章：序章，1章，3章，6章

髙橋靖恵
　　現所属：京都大学　大学院教育学研究科・准教授
　　著書等：
　「心理査定実践ハンドブック」（共著）2006年　創元社
　「家族のライフサイクルと心理臨床」（編著）2008年　金子書房
　　担当章：1章，3章，5章，終章

髙橋　昇
　　現所属：人間環境大学　人間環境学部・教授
　　著書等：
　「臨床投映法入門」（共著）1995年　ナカニシヤ出版
　「慢性患者の描画の変化と常同性－相互なぐり描き法と風景構成法を用いて－」心理臨
　　床学研究　第24巻　第5号　2006年
　　担当章：4章，7章

杉村和美
　　現所属：名古屋大学　発達心理精神科学教育研究センター・学生相談総合センター・
　　　　　　准教授
　　著書等：
　「女子青年のアイデンティティ探求－関係性の観点から見た2年間の縦断研究－」2005
　　年　風間書房
　「大学生の自己分析－いまだ見えぬアイデンティティに突然気づくために－」（共著）
　　2008年　ナカニシヤ出版
　　担当章：2章，4章

中原睦美
　　現所属：鹿児島大学　大学院臨床心理学研究科・准教授
　　著書等：
　「心理臨床学モノグラフ第2巻 病体と居場所感―脳卒中・がんを抱える人を中心に」
　　2003年　創元社
　「芸術療法実践講座第1巻絵画療法Ⅰ」（共著）2004年　岩崎学術出版社
　　担当章：1章

実践ロールシャッハ法
思考・言語カテゴリーの臨床的適用

2010年3月20日　初版第1刷発行　（定価はカヴァーに表示してあります）

　　著　者　森田美弥子
　　　　　　髙橋　靖恵
　　　　　　髙橋　昇
　　　　　　杉村　和美
　　　　　　中原　睦美
　発行者　中西　健夫
　発行所　株式会社ナカニシヤ出版
　　〒606-8161　京都市左京区一乗寺木ノ本町15番地
　　　　　　　　Telephone　075-723-0111
　　　　　　　　Facsimile　075-723-0095
　　　　　　Website　http://www.nakanishiya.co.jp/
　　　　　　E-mail　iihon-ippai@nakanishiya.co.jp
　　　　　　　　郵便振替　01030-0-13128

装幀＝白沢　正／印刷＝ファインワークス／製本＝兼文堂
Printed in Japan.
Copyright © 2010 by M. Morita et al.
ISBN978-4-7795-0446-4

臨床心理アセスメントの基礎

沼 初枝 著

心理臨床の現場で働くことを目指す初学者のために，面接や心理検査，知能検査，質問紙など臨床心理の基本的なことをわかりやすく解説。理解を助ける図や表，資料も多数掲載。

A5判 196頁 2205円

心とかかわる臨床心理
[第2版]

川瀬正裕・松本真理子・松本英夫 著

将来，人とかかわる立場に立とうとする学生が，臨床心理学に初めてふれる際にその全体像をとらえやすく，かつその現場でも生かせるようにまとめた。また，いろいろな専門家同士の連携のための間口も広げた。発達障害等最新トピックを充実させた第2版。

B5判 178頁 2310円

樹木画によるパーソナリティの理解

K. ボーランダー 著
高橋依子 訳

ユングの分析心理学を基底に置きながら，樹木とその部分に関する膨大な種類・形態を詳細・包括的に分類するなかで得られた，樹木画の分析・解釈のための構造的・客観的根拠を随所に示したもので，投影法の新しい展望を開く。

A5判 384頁 6300円

ゲシュタルト療法
その理論と実際

F. S. パールズ 著
倉戸ヨシヤ 監訳

地に埋没してしまいがちな図に気付かせる「気付き」の心理療法である。「今―ここで」「何」が大切なのかに気付かせ，自分自身で立ち治ろうとするセルフ・サポートの能力を養う。パールズの数少ない完訳。

A5判 256頁 2625円

ゲシュタルト療法バーベイティム

F. S. パールズ 著
倉戸ヨシヤ 監訳

パールズはどのようにセラピーを進めていたのか？ ワークショップでの録音テープから起こした逐語記録に若干の修正やパールズのコメントを加えたことにより，「エンプティチェア」の技法など，パールズによるゲシュタルト療法の全貌が明らかになる。

A5判 468頁 4830円

これからの心理臨床
基礎心理学と統合・折衷的心理療法のコラボレーション

杉山 崇・前田泰宏・坂本真士 編

援助のあり方の有効性を客観的に検証できる"科学者"としての姿勢と，援助に役立つものを積極的に取り入れる柔軟な"実践家"としての姿勢を培う心理臨床の基礎学と統合・折衷的心理療法を解説する。

A5判 240頁 2625円

表示の価格は税込価格です（2010年3月現在）